만원부터 4만원까지
예산별로 만드는 반찬 레시피 90

일주일 식비 절약 반찬 만들기

길벗

일주일 식비 절약
반찬 만들기

초판 발행 · 2025년 6월 18일
초판 2쇄 발행 · 2026년 1월 5일

지은이 · 송리나
발행인 · 이종원
발행처 · (주)도서출판 길벗
출판사 등록일 · 1990년 12월 24일
주소 · 서울시 마포구 월드컵로 10길 56(서교동)
대표 전화 · 02)332-0931 | **팩스** · 02)323-0586
홈페이지 · www.gilbut.co.kr | **이메일** · gilbut@gilbut.co.kr

편집 팀장 · 민보람 | **기획 및 책임편집** · 서랑례 (rangrye@gilbut.co.kr)
제작 · 이준호, 손일순 | **마케팅** · 정경원, 김진영, 박민주, 류효정 | **유통혁신** · 한준희 | **영업관리** · 김명자 | **독자지원** · 윤정아

디자인 · 곰곰사무소 | **교정교열** · 추지영 | **CTP 출력·인쇄** · 교보피앤비 | **제본** · 신정문화사

· 이 책은 저작권법의 보호를 받는 저작물로 이 책에 실린 모든 내용, 디자인, 이미지, 편집 구성은 허락 없이 복제하거나 다른 매체에 옮겨 실을 수 없습니다.
· 인공지능(AI) 기술 또는 시스템을 훈련하기 위해 이 책의 전체 내용은 물론 일부 문장도 사용하는 것을 금지합니다.
· 잘못 만든 책은 구입한 서점에서 바꿔 드립니다.

ISBN 979-11-407-1361-5(13590)
(길벗 도서번호 020266)

ⓒ 송리나

정가 18,800원

독자의 1초까지 아껴주는 정성 길벗출판사
(주)도서출판 길벗 · IT단행본&교재, 성인어학, 교과서, 수험서, 경제경영, 교양, 자녀교육, 취미실용 www.gilbut.co.kr
길벗스쿨 · 국어학습, 수학학습, 주니어어학, 어린이단행본, 학습단행본 www.gilbutschool.co.kr

독자의 1초를 아껴주는 정성!

세상이 아무리 바쁘게 돌아가더라도

책까지 아무렇게나 빨리 만들 수는 없습니다.

인스턴트 식품 같은 책보다는

오래 익힌 술이나 장맛이 밴 책을 만들고 싶습니다.

땀 흘리며 일하는 당신을 위해

한 권 한 권 마음을 다해 만들겠습니다.

마지막 페이지에서 만날 새로운 당신을 위해

더 나은 길을 준비하겠습니다.

독자의 1초를 아껴주는 정성을 만나보십시오.

작가의 말

지난해 출간된 《5만원 5일 집밥》에 이어 두 번째 책 《일주일 식비 절약 반찬 레시피》를 출간하게 되었습니다.

푸짐한 메인 요리와 간단한 한 그릇 음식을 매일 직접 만들어 먹다 보면, 바쁜 날은 건너뛰게 되고, 몸 컨디션이 좋지 않은 날은 간단한 요리조차 왜 그리 버겁게 느껴지는지 모르겠어요. 그러다 보니 미리 만들어두었다가 바로 꺼내 먹을 수 있는 반찬의 소중함을 새삼 느끼게 되었어요.

제철 나물에 소금, 참기름, 깨만 넣고 조물조물 무쳐도 향긋한 내음에 기분까지 좋아지고, 멸치볶음이나 진미채, 쥐포무침 같은 마른 반찬은 비교적 오래 보관할 수 있어 든든한 밑반찬으로 자리 잡게 되죠. 이런 밑반찬들은 뭔가 부족한 식탁을 든든하게 채워주는 데다 외식과 배달을 줄여 식비 절약까지 할 수 있어요.

이 책에서는 일주일 1만원에서 4만원대로 식재료를 사서 만들 수 있는 반찬들을 소개하는데, 총 16주 분량의 반찬과 레시피를 담았어요. '이번 주는 조금 아껴야겠다' 싶을 땐 만원으로, 여유가 있는 주에는 3~4만원대로 푸짐한 메인 요리까지 챙길 수 있도록 구성했어요.

'내가 만든 반찬은 왜 이렇게 맛이 없지?'라고 느끼셨던 분들에게, 집에 있는 익숙한 양념 재료만으로

도 충분히 맛있게 만드는 기쁨을 전해드리고 싶어요.

소박하지만 따뜻한 집밥이 필요하신 분, 식비를 절약하면서도 알차게 한 끼를 준비하고 싶은 분들께 도움이 되기를 바랍니다.

Special thanks to

어쩌면 평범할 수 있는 레시피인데도 영상을 봐주시는 인스타그램 팔로워, 유튜브 구독자분들께 진심으로 감사드립니다. 그냥 보고 지나칠 수 있는데도 응원의 댓글을 남겨주시고, 가족들과 함께 잘 먹었다는 메시지를 보내주시면 뿌듯하기도 하고 집밥을 계속 만들 수 있는 원동력이 된답니다. 매일 먹는 집밥에 도움이 될 수 있도록 앞으로도 열심히 해볼게요!

늘 군말 없이 맛있게 먹고 다정하게 피드백을 해주는 남편, 묵묵히 응원해주는 가족과 친구들에게 감사드립니다.

또 저의 삶에 특별한 추억과 경험을 갖게 해준 서랑례 에디터님과 길벗출판사 관계자분들께 감사드립니다.

일러두기

INTRO
요리 시작 전에 알아두면 좋은 식비 절약 노하우와 자주 쓰는 양념과 도구를 소개합니다. 또한 레시피에 자주 사용하는 식재료를 가격대별로 정리해두었습니다.

예산별 반찬 식단표
1만원부터 4만원까지 주당 5~7가지 메뉴를 4주씩 한눈에 볼 수 있게 식단표로 구성했습니다.
이번 주에는 어떤 반찬을 만들지 고민이라면 지금 당장 예산별 식단표를 펼쳐 보세요.

주별 식단&장바구니 리스트

각 주별 반찬 메뉴를 한 번에 보여줍니다. 바로 옆에는 반찬을 만들 때 필요한 장보기 재료와 분량, 가격까지 표로 정리해두었습니다. 예산별 한도 내에서 반찬을 만들 수 있는 핵심 페이지입니다.

미리 만들어두는 반찬 레시피

예산별 반찬 레시피를 소개합니다. 각 레시피에 필요한 재료와 양념은 따로 정리해두었으며, 누구나 쉽게 따라 할 수 있도록 요리 과정을 사진으로 세심하게 보여줍니다.

책을 시작하기 전에

레시피의 양념 용량은 밥숟가락 기준으로 계량했습니다. 장보기 리스트의 가격은 '마켓컬리'를 기준으로 적어두었습니다. 반찬의 보관 일수는 참고용으로 봐주세요. 보관 방법, 날씨 등에 따라 보관일이 늘어나거나 줄어들 수 있습니다.

차례

작가의 말	004
일러두기	006
식비 절약 노하우	012
자주 쓰는 양념	014
자주 쓰는 도구	016
가격대별 대표 식재료	018

1만원으로 미리 만들어두는 일주일 반찬

1만원 한달 식단표	024	**1만원 3주 차 반찬 리스트**	042
1만원 1주 차 반찬 리스트	026	**장바구니 리스트**	043
장바구니 리스트	027	양파장아찌	044
감자볶음	028	숙주나물	045
어묵볶음	029	미역줄기볶음	046
오이탕탕이	030	소시지야채볶음	047
도토리묵무침	031	달걀말이	048
매콤어묵콩나물볶음	032		
1만원 2주 차 반찬 리스트	034	**1만원 4주 차 반찬 리스트**	050
장바구니 리스트	035	**장바구니 리스트**	051
두부조림	036	돼지고기약고추장	052
깻잎김치	037	무나물	054
애호박채전	038	무조림	055
느타리들깨무침	039	세발나물무침	056
참치김치볶음	040	팽이버섯전	057

2만원으로 미리 만들어두는 일주일 반찬

2만원 한달 식단표	060
2만원 1주 차 반찬 리스트	062
장바구니 리스트	063
바삭한 멸치볶음	064
돼지고기장조림	066
매콤콩나물무침	067
미니새송이버섯볶음	068
고추된장무침	069
2만원 2주 차 반찬 리스트	070
장바구니 리스트	071
감자전	072
스팸두부간장조림	074
시금치나물	075
진미채고추장볶음	076
청포묵무침	077
2만원 3주 차 반찬 리스트	078
장바구니 리스트	079
동그랑땡	080
돼지고기오이볶음	082
오이무침	083
묵은지된장지짐	084
고사리나물	085
2만원 4주 차 반찬 리스트	086
장바구니 리스트	087
연근조림	088
연근유자샐러드	090
참치쌈장&양배추쌈	091
양배추베이컨볶음	092
베이컨팽이버섯말이	093
마늘종볶음	094

3만원으로 미리 만들어두는 일주일 반찬

3만원 한달 식단표 098	**3만원 3주 차 반찬 리스트** 116
3만원 1주 차 반찬 리스트 100	**장바구니 리스트** 117
장바구니 리스트 101	꼬막무침 118
오징어볶음 102	메추리알고추장조림 119
오징어부추전 103	단무지무침 120
부추짜박이 104	취나물무침 121
당근라페 105	매콤어묵볶음 122
멸치고추장볶음 106	돼지고기가지볶음 124
브로콜리무침 107	
3만원 2주 차 반찬 리스트 108	**3만원 4주 차 반찬 리스트** 126
장바구니 리스트 109	**장바구니 리스트** 127
수제 돈가스 110	돼지고기간장볶음 128
감자고추장조림 112	두부강된장 129
공심채볶음 113	애호박버섯볶음 130
두부톳무침 114	우엉조림 131
쥐포고추장볶음 115	감자샐러드 132
	콩자반 133

4만원으로 미리 만들어두는 일주일 반찬

4만원 한달 식단표 136	**4만원 3주 차 반찬 리스트** 156
4만원 1주 차 반찬 리스트 138	**장바구니 리스트** 157
장바구니 리스트 139	소고기고추다대기 158
아롱사태장조림 140	깻잎순무침 159
아롱사태전골 142	대패삼겹살제육볶음 160
알배추된장무침 143	알배추겉절이 162
순두부달걀찜 144	양배추피클 163
콩나물무침 145	두부강정 164
새송이버섯전 146	동태전 165
4만원 2주 차 반찬 리스트 148	**4만원 4주 차 반찬 리스트** 166
장바구니 리스트 149	**장바구니 리스트** 167
무수분수육 150	소고기육전 168
무생채 151	부추무침 169
꽁치무조림 152	닭볶음탕 170
오이지무침 153	감자간장조림 171
궁채들깨볶음 154	무말랭이무침 172
오징어실채간장볶음 155	꽈리고추찜 173
	새우브로콜리볶음 174
	재료별 메뉴 인덱스 176
	가나다 인덱스 179

식비 절약 노하우

냉장고 비우기

어떤 식재료가 있는지 모른 채 냉장고가 꽉 채워져 있지 않나요? 냉장고에 있는 재료부터 활용하는 것도 식비를 줄이는 방법이에요. 버릴 건 버리고 남은 재료를 목록으로 만들고 해당 재료 옆에 만들 수 있는 반찬을 적어보세요. 보통 반찬은 많은 재료가 필요하지 않기 때문에 어렵지 않을 거예요. 금방 물러지고 상하기 쉬운 채소는 데치거나 쪄서 무침을 하거나 단백질 재료를 추가해서 기름에 볶으면 반찬 1~2가지를 뚝딱 만들 수 있어요. 어렵게 생각하면 시작하기도 버겁잖아요. 가벼운 마음으로 냉장고 속 재료부터 꺼내보세요.

일주일 식단표&장바구니 리스트 작성하기

미리 계획하는 것만큼 중요한 건 없어요. 냉장고를 비우고 나서 식탁에 앉아 일주일 반찬 목록을 적어보세요. 보통 냉장고에 두고 며칠 동안 먹기 때문에 가짓수가 너무 많으면 만드는 사람도 지치고 맛도 떨어질 수 있어요. 저는 일주일에 4~6가지로 구성하는 편이에요. 제철 식재료를 검색해서 먼저 반찬 목록에 포함하고 나머지는 나와 가족들이 먹고 싶은 반찬, 예산에 맞는 식재료를 골라서 추가해요. 채소류가 가장 많지만 두부, 참치, 돼지고기 등 단백질이 들어간 반찬도 넣으면 바쁜 날 국 하나만 끓여도 영양 가득한 한 끼를 차려낼 수 있어요.

1만원 반찬

1주차	장보기 목록		2주차	장보기 목록		3주차	장보기 목록		4주차	장보기 목록	
감자볶음	감자	1990	두부조림	두부	1980	양파장아찌	양파	1000	돼지고기악고추장	돼지고기 다짐육	3990
어묵볶음	어묵	2900	갯잎김치	갯잎	1,490	계란말이	계란	1200	무나물	무	2890
매콤어묵콩나물볶음	콩나물	1490	애호박채전	애호박	2490	숙주나물	숙주	1290	무조림	세발나물	2490
도토리묵침	도토리묵	1,600	참치김치볶음	참치	2500	미역줄기	미역줄기	2800	세발나물무침	팽이버섯	1390
오이탕탕이	오이	2490	느타리들깨무침	느타리버섯	1490	소시지야채볶음	소시지	3790	팽이버섯전		
총 비용		10470	총 비용		9950	총 비용		10080	총 비용		10760

2만원 반찬

1주차	장보기 목록		2주차	장보기 목록		3주차	장보기 목록		4주차	장보기 목록	
바삭한 멸치볶음	멸치	6990	스팸두부간장조림	스팸	2500	동그랑땡	두부	2200	연근조림	연근	5990
돼지고기장조림	돼지고기안심	5400	감자전	두부	2,200	돼지고기오이볶음	돼지고기다짐육	6530	연근유자샐러드	참치	1,500
매운콩나물무침	콩나물	1490	시금치무침	감자	2500	오이무침	오이	5490	참치쌈장&양배추쌈	양배추	2190
미니새송이버섯볶음	미니새송이버섯	2490	고추장진미채	시금치	2590	묵은지된장지짐	고사리	5990	양배추베이컨볶음	베이컨	3990
고추된장무침	풋고추	2490	청포묵무침	진미채	7490	고사리볶음			베이컨팽이버섯말이	팽이버섯	1390
				청포묵	2350				마늘쫑볶음	마늘쫑	4990
총 비용		18860	총 비용		19630	총 비용		20210	총 비용		20050

작심삼일 반복하기(다시 시작하기)

바쁜 일상을 보내다 보면 계획한 대로 실행하지 못할 수도 있어요. 자책하지 마세요! 매일 식사를 챙긴다는 게 얼마나 부지런하고 에너지를 많이 써야 하는 일인지 누구나 알 거예요. 반찬을 만들고, 집밥을 먹는 습관을 들이는 게 하루아침에 되지는 않아요. 한 번씩 쉬어가며 가끔 편하게 외식도 하고 배달음식도 먹다가 다시 집밥을 만들어보세요. 어느새 일상이 되어서 자연스럽게 식비는 줄어들고, 건강은 더욱 챙길 수 있을 거예요.

자주 쓰는 양념

간장

요리에 색을 더하고 간을 맞추는 간장. 색이 진하고 단맛이 있는 진간장은 볶음과 조림 요리에 사용하고, 맑고 짠맛이 강한 국간장은 국, 무침 등에 사용해요.

액젓

음식에 짠맛과 감칠맛을 더해줘요.
단맛이 적고 맛이 깊어서 국이나 찌개에 많이 쓰는 멸치액젓, 비린내가 적고 조금 더 깔끔해서 무침, 볶음에 사용하는 까나리액젓 등 종류가 다양해요. 메뉴에 따라 간장이나 소금으로 대체해도 되지만, 감칠맛과 깊은 맛을 더하는 액젓은 하나쯤 구비해두면 좋아요. 이 책에서는 주로 멸치액젓을 사용했습니다.

소금

보통 요리에는 꽃소금이나 구운 소금을 사용해요. 정제염에 MSG가 첨가된 맛소금은 모자란 간을 맞추거나 감칠맛을 더할 때 넣어보세요.

설탕

이 책에서는 일반 백설탕을 사용했어요. 장조림처럼 진한 색을 내는 요리에는 흑설탕을 넣으면 조금 더 먹음직스러운 색감을 낼 수 있어요. 칼로리가 걱정된다면 알룰로스, 자일로스 등으로 대체해보세요.

올리고당/물엿

음식에 넣으면 단맛과 윤기를 더해줘요. 올리고당은 고온에서 단맛이 줄어들기 때문에 볶음 요리 마지막에 넣거나 샐러드와 무침에 사용하고, 점성이 높은 물엿은 보통 조림에 넣어요.

고춧가루

보통 굵기의 고춧가루와 고운 고춧가루 2가지를 사용해요.

보통 굵기는 찌개, 볶음, 반찬 등에 두루 사용하고, 고운 고춧가루는 떡볶이, 짬뽕과 같이 요리의 색을 전체적으로 빨갛게 만들 때 사용해요. 하나만 선택하라면 다양하게 쓰이는 보통 굵기의 고춧가루를 구비해두세요. 매콤한 음식을 좋아한다면 청양고춧가루도 추가로 마련해둡니다. 청양고춧가루를 조금만 넣어도 훨씬 매콤하고 깔끔한 매운맛을 즐길 수 있어요.

기호에 따라 생략하거나 조금만 넣어도 괜찮아요. 너무 많이 넣으면 느끼한 맛이 날 수 있으니 적당량을 넣어주세요.

참기름/들기름

고소한 향을 끝까지 유지하도록 적은 양으로 사두세요. 참기름은 직사광선을 피해 실온에 보관하고, 들기름은 냉장 보관하세요.

맛술

요리의 잡내를 없애줘요. 여기서는 새콤하고 단맛이 있는 맛술을 사용했어요.

식초

상큼한 맛을 더해줘요.
양조식초, 사과식초, 현미식초 등 다양한 종류가 있는데, 여기서는 기본적이고 깔끔한 양조식초를 사용했어요.

후춧가루

한식에는 보통 순후추를 넣고, 고기를 굽거나 샐러드, 파스타 등에는 통후추를 갈아서 넣어요. 2가지 다 구비해놓는 것이 좋아요.

조미료(다시다, 미원, 치킨스톡, 연두 등)

요리의 맛이 부족할 때 감칠맛을 더해줘요.

들깻가루

오메가3가 풍부한 들깻가루는 국에도 넣어 먹지만 버섯무침이나 브로콜리무침, 궁채볶음 등 반찬에 넣으면 진한 고소함이 더해져 더욱 맛있어요. 산패되기 쉬우니 적은 양으로 사서 냉장 보관하는 것이 좋습니다.

굴소스

짠맛과 단맛, 감칠맛을 더해줘요. 간단한 재료에 간장과 굴소스만 넣어 볶아도 어느 정도 간이 맞아서 볶음밥이나 채소볶음에 사용하기 편해요.

자주 쓰는 도구

도마

손목이 편하고 재료를 써는 소리가 좋아 나무 도마를 주로 사용해요. 김치나 고기, 해산물 같은 재료는 열탕 소독이 되는 실리콘 도마를 이용하는 것이 좋아요.

믹싱볼

소스를 만들거나 재료를 섞고 무칠 때, 재료를 손질할 때 등 다양하게 쓰여요. 무거운 유리나 스크래치가 생기는 플라스틱보다 좋은 소재의 스텐, 뚜껑이 있는 제품을 고르면 조금 더 편리하고 오래 사용할 수 있어요.

계량컵/타이머/전자저울

1ℓ 이하의 계량컵, 작은 타이머, 1g 단위로 측정할 수 있는 전자저울만 있으면 어떤 요리도 실패를 줄일 수 있어요.

프라이팬/웍

스텐, 무쇠 재질의 바닥이 두꺼운 제품으로 사용해요. 조금 무거워도 열 전달률과 보존율이 좋아 온도를 일정하게 유지해서 요리의 맛을 살립니다. 보통 지름 24cm, 28cm 크기를 사용해요.

조리도구

볶음 스푼, 국자, 뒤집개, 깔끔주걱 등은 요리할 때 꼭 필요해요. 코팅 팬과 냄비를 사용한다면 손상을 줄여주는 나무나 실리콘 제품을 사용해보세요.

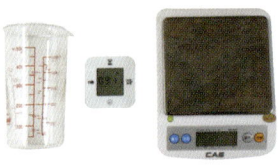

보관 용기

식재료는 신선함이 오래 유지되는 진공 용기나 스텐 용기에 넣어서 보관해요. 된장, 고추장, 다진

마늘 등의 양념도 스텐 용기에 넣어두면 색과 냄새가 배지 않고 온도를 유지하는 데도 좋아요. 반찬은 투명한 반찬 용기에 담아서 냉장고 안에 잘 보이는 곳에 두세요. 냉장 보관하더라도 반찬은 시간이 지나면 맛이 떨어지니 최대한 빨리 먹는 것이 좋아요.

칼

가볍고 절삭력이 좋은 칼은 부드럽고 무른 재료를 썰기 좋고, 단단한 식재료를 썰기에는 무게감이 있는 칼을 사용하세요. 매일 사용하기 때문에 내 손에 맞고 손목에 무리가 덜 가는 칼을 쓰는 것이 좋습니다. 좋은 칼을 쓰는 것도 중요하지만 칼도 관리가 필요해요. 칼날이 무뎌졌다면 작은 칼갈이를 구비해두고 주기적으로 날을 갈아주세요.

초퍼

양파, 당근 등을 잘게 다져야 할 때가 자주 있어요. 물론 칼로 다지는 것이 좋지만 작은 초퍼를 구비해두면 시간을 절약하고 손목을 아낄 수 있어요. 통마늘을 다지거나 자투리 채소를 다져서 얼려두면 활용하기도 좋답니다. 달걀말이, 새우완자, 감자전 등 간단한 요리에도 사용해요.

스텐 사각 팬

재료를 보관해두거나 재료를 손질할 때 매일 사용해요. 가볍고 사용이 편리한 스텐 사각 팬을 구비해두면 요리할 때 각종 접시를 꺼낼 필요가 없어요. 도마에서 자르고 스텐 사각 팬에 담으면 주변도 깔끔하고 요리 후 정리하기도 편하답니다. 오븐, 에어프라이어 등에서 사용 가능한 것으로 구비해두면 돈가스, 생선구이, 라자냐 등 요리에 활용하기 좋아요.

가격대별 대표 식재료

5천원 이하 재료

콩나물/숙주

쉽게 구할 수 있고 가격도 저렴한 재료예요. 콩나물 하나만 데쳐서 무쳐도 되고, 다른 재료들과도 잘 어울려서 활용하기도 아주 좋죠. 남은 콩나물은 용기에 넣고 찬물을 부어서 냉장고에 넣어두세요. 물을 한 번씩 갈아주면 훨씬 오래 보관할 수 있답니다.

두부

단백질을 채울 수 있는 든든한 식재료예요. 자주 쓰이는 재료인 만큼 국산콩을 사용해서 소포제, 유화제를 넣지 않고 만든 두부를 고르세요. 먹을 만큼만 사는 게 가장 좋고, 남은 두부는 용기에 물을 붓고 소금을 조금 넣어서 담가두면 조금 더 신선하게 보관할 수 있어요.

어묵

볶음부터 국까지 다양하게 활용할 수 있는 어묵도 쉽게 구할 수 있는 친근한 재료예요. 어육 함량에 따라 맛도 식감도 달라져요. 어육 함량이 보통인 건 부드럽고, 높을수록 쫄깃하고 단단한 식감이에요. 취향에 따라 골라보세요.

버섯류

종류도 다양하고 다른 식재료와도 잘 어울리는 버섯은 쫄깃한 식감으로 맛도 있지만 영양도 풍부해요. 수분이 많고 열량이 낮아 식단 조절에 좋고 비타민도 풍부합니다. 물에 약하기 때문에 적당량을 사는 것이 좋고, 남은 버섯은 키친타월이나 신문지로 싸서 냉장 보관하거나 손질해서 냉동 보관하세요.

상추/깻잎

신선하고 아삭한 맛으로 먹는 쌈 채소. 제철에는 가격도 저렴한 편이에요. 남은 깻잎은 깻잎김치를 만들거나 매콤한 볶음 요리에 넣어 향긋함을 더해보세요. 남은 상추는 무침을 해서 고기 반찬과 함께 먹거나 비빔밥에 넣어 먹으면 남김없이 소진할 수 있어요.

참치

보관도 쉽고 다양한 요리에 활용되는 캔참치. 비빔밥부터 샐러드, 찌개, 볶음까지 만들 수 있어 쟁여두면 든든한 식재료예요. 한 캔을 따서 사용하고 남은 것은 용기에 덜어서 보관하고 최대한 빨리 먹는 것이 좋아요.

양파

자주 사용하는 기본 채소이지만, 적은 양을 사기에는 단가가 올라가고, 대용량을 사뒀다가 자칫 다 먹기도 전에 물러질 수 있어요. 가능한 적은 용량으로 사두고, 뿌리와 껍질을 벗겨 수분을 닦아내고 랩을 씌워 진공용기나 밀폐용기에 넣어 냉장 보관하면 오래도록 무르지 않아요. 번거로워도 미리 손질해두면 버릴 일이 없답니다. 간장 양념을 끓여 양파장아찌를 만들면 오래 두고 먹을 수 있어요.

감자

제철 감자는 그냥 찌기만 해도 포슬포슬하고 맛이 좋지만 생각보다 보관하기가 어려운 채소예요. 흙을 털어내고 신문지로 감싸 어둡고 통풍이 잘 되는 시원한 곳이나 냉장고에 보관하세요. 싹이 난 감자는 독소가 들어 있으니 먹지 않는 것이 좋아요.

무

무 1개를 다 쓸 수 있을까 고민되지만 일단 장바구니에 넣어보세요. 국물 요리는 물론이고 참치 1캔만 넣어 매콤한 무조림을 해도 맛있고, 양념에 버무려 무생채로 밥에 비벼 먹어도 정말 맛있어요. 무피클이나 국물 자작한 무나물로 만들면 큼지막한 무 하나도 금세 먹을 수 있어요. 남은 무는 얇게 썰어 냉동해두었다가 국물 요리에 사용해보세요.

양배추

아삭하고 단맛이 좋은 양배추는 너무 커서 한꺼번에 다 먹을 수 없으니

미리 용도에 맞게 소분해두세요. 쪄서 쌈을 싸서 먹거나 볶음에 넣을 양배추는 큼직하게 자르고, 샐러드로 먹는다면 얇게 채썰기를 해두세요. 심지에 가까운 도톰한 부분은 상큼한 피클을 만들면 좋아요.

애호박

부드러운 애호박도 냉장고에서 빠지지 않는 식재료예요. 버섯이나 브로콜리 등과 함께 볶아 먹어도 되고, 된장찌개, 고추장찌개, 순두부찌개 등에 넣으면 1개를 알뜰히 사용할 수 있어요. 남은 자투리는 냉동 보관해두었다가 찌개에 넣어보세요.

해조류

식이섬유가 풍부해 장에 좋은 해조류는 평소에 먹기가 쉽지 않아 반찬으로 만들어두면 좋아요. 건조나 염장된 것들은 가성비가 좋고 보관하기에도 편리해요. 미역줄기, 톳, 다시마, 꼬시래기 등은 오독오독한 식감도 좋죠. 쌈, 볶음, 무침 그리고 비빔밥 재료로 다양하게 활용할 수 있어요.

1만원 이하 재료

돼지고기(앞다리살, 뒷다리살)

고기 중 가성비가 좋은 부위예요. 얇게 썰어 제육볶음, 불고기 등을 만들고, 두툼하게 썰어 찌개, 찜에 넣어보세요. 지방이 너무 없으면 고소함이 덜하고 퍽퍽할 수 있어요. 앞다리살과 뒷다리살은 지방이 어느 정도 붙어 있는 부위를 고르면 같은 가격에 더욱 맛있게 먹을 수 있답니다.

달걀

냉장고에서 늘 떨어지지 않는 필수 식품이에요. 자투리 채소를 다져 넣은 달걀찜과 달걀말이 한 접시만으로도 영양을 충분히 보충할 수 있어요. 무항생제 달걀, 사육 환경이 좋은 난각 번호 1, 2번의 특란을 사는 것이 좋아요.

멸치

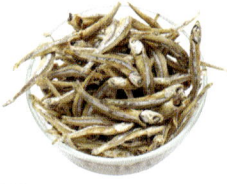

단백질과 칼슘이 풍부한 멸치는 보관하기 편한 데다 오래 두고 먹을 수 있어요. 바삭한 멸치볶음도 좋고, 간단한 주먹밥에 넣어도 맛있어요. 멸치볶음은 늘 떨어지지 않게 만들어두는 반찬이에요. 달콤한 멸치볶음은 잔멸치로, 멸치고추장볶음은 조금 큰 멸치로 만들어요.

1만원대 재료

쥐포 등 건어물
멸치와 마찬가지로 건어물로 만든 반찬은 오래 두고 먹을 수 있어서 반찬 목록에 꼭 한 가지씩 포함해요. 진미채, 쥐포, 명엽채 등은 가격대가 조금 높으니 남은 재료는 냉동 보관해두고 남김없이 사용하세요.

오징어
고단백, 저칼로리로 쫄깃한 식감의 오징어는 손질된 냉동 제품이 사용하기 편해요. 한 마리씩 녹여 시원한 국을 끓여 먹거나 매콤한 양념과 갖은 채소를 더해 볶아 먹어도 별미예요. 살짝 데쳐 그냥 먹어도 되고, 먹기 좋게 잘라 파스타에 넣어 색다르게 먹어보세요.

돼지고기(삼겹살, 목살)
냉장 고기 그대로 구워 쌈을 싸서 먹으면 푸짐한 한 끼 식사가 되죠. 고소한 삼겹살, 목살 부위를 좋아한다면 가성비 좋은 대용량으로 구매해보세요. 먹을 만큼 소분해 냉동 보관해두고 꽈리고추,  대파, 배추 등 채소를 넣어 볶으면 반찬이나 덮밥으로 활용하기 좋아요. 찌개에 넣거나 찜으로 만들면 든든한 한 끼가 됩니다.

소고기(목심, 앞다리살, 우둔살)
소고기 중에 가격대가 저렴한 부위예요.. 지방이 적은 부위라 그대로 구워 먹기에  는 많이 질긴 편이지만, 다짐육이나 불고기용처럼 얇게 썰면 맛있게 먹을 수 있어요. 다짐육으로는 약고추장, 볶음밥, 동그랑땡, 함박스테이크 등을 만들고, 얇게 썬 소고기는 불고기, 육전, 샤부샤부 등으로 만들어보세요.

2만원대 이상 재료

소고기(등심, 안심, 부채살, 아롱사태 등)
조금 더 부드럽고 기름진 소고기 부위는 그냥 구워 먹어도 맛있죠. 채소와 함께 간단한 양념을 더해 찹스테 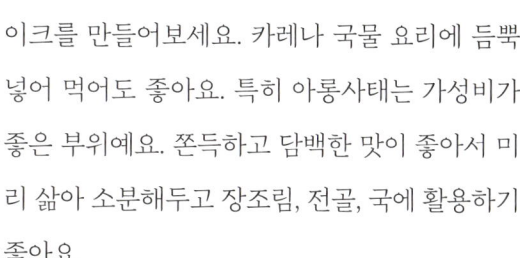 이크를 만들어보세요. 카레나 국물 요리에 듬뿍 넣어 먹어도 좋아요. 특히 아롱사태는 가성비가 좋은 부위예요. 쫀득하고 담백한 맛이 좋아서 미리 삶아 소분해두고 장조림, 전골, 국에 활용하기 좋아요.

1만원으로 미리 만들어두는 일주일 반찬

만원 한 장으로 이렇게 많은 반찬이 가능하다고?
쉽게 구할 수 있는 재료로 간단하고 빠르게 만드는
1만원 반찬 만들기, 지금 바로 시작해보세요.

1만원 한달 식단표

1주차 — 10,470원
감자볶음 | 어묵볶음 | 오이탕탕이 | 도토리묵무침 | 매콤어묵콩나물볶음

2주차 — 9,950원
두부조림 | 깻잎김치 | 애호박채전 | 느타리들깨무침 | 참치김치볶음

1만원 1주 차 반찬 리스트

감자볶음　　어묵볶음　　오이탕탕이

도토리묵무침　　매콤어묵콩나물볶음

장바구니 리스트

품 목	구입량	가 격	사용된 레시피
감자	300g	1,990원	감자볶음
오이	3개	2,490원	오이탕탕이 도토리묵무침
도토리묵	1팩(300g)	1,600원	도토리묵무침
사각어묵	1봉지(240g)	2,900원	어묵볶음 매콤어묵콩나물볶음
콩나물	300g	1,490원	매콤어묵콩나물볶음
		총 10,470원	

그 외 재료 : 대파, 고추, 양파, 당근(생략 가능)

감자볶음

○

주재료
감자 3개(300g), 양파 ¼개, 당근 조금

양념
식용유 3숟가락, 소금 ⅕숟가락,
후춧가루 조금

보관
냉장 보관 3일 이내

1 감자 300g, 양파 ¼개, 당근은 얇게 채썰기를 한다.

2 채 썬 감자는 찬물에 담가 전분기를 뺀다.

3 팬에 식용유 3숟가락을 두르고 중약불로 예열한 후 채 썬 양파와 당근을 볶는다.

4 양파가 투명하게 익기 시작하면 물에 담가 둔 채 썬 감자를 물기를 털어내고 넣어 함께 볶는다.
* 중불에 볶다가 중약불로 줄여서 타지 않게 볶는다.

5 감자가 절반 정도 익으면 소금 ⅕숟가락, 후춧가루를 뿌려 간을 맞추고 완전히 익을 때까지 마저 볶는다.
* 감자를 두껍게 썰어서 잘 익지 않으면 물을 조금 넣어서 익힌다.

어묵볶음

주재료
사각어묵 160g(4장), 양파 ¼개, 대파 ¼대

양념
식용유 3숟가락, 다진 마늘 ½숟가락,
진간장 1.5숟가락, 맛술 1숟가락,
올리고당 2숟가락, 통깨 조금

보관
냉장 보관 5일 이내

1 사각어묵 160g(4장)은 길게 자르고, 양파 ¼개, 대파 ¼대는 채썰기를 한다.

2 길게 자른 어묵은 끓는 물에 데치거나 뜨거운 물에 5분간 담가 불순물을 제거한다.

3 팬에 식용유 3숟가락을 두르고 중약불에 다진 마늘 ½숟가락을 볶아서 향을 낸다.

4 길게 자른 어묵과 채 썬 양파를 넣고 중불에 볶는다.

5 약불로 줄이고 진간장 1.5숟가락을 가장자리에 먼저 두른 후 맛술 1숟가락, 올리고당 2숟가락을 넣어 골고루 볶는다.

6 채 썬 대파와 통깨를 넣어 골고루 섞는다.

오이탕탕이

○

주재료
오이 2개

양념
소금 ⅕숟가락, 설탕 ⅔숟가락,
식초 2숟가락, 다진 마늘 ⅕숟가락,
통깨 조금

보관
냉장 보관 2일 이내

1 오이 2개는 위생봉지에 넣어 칼 손잡이나 방망이로 두드린 후 한 입 크기로 자른다.
* 방망이로 두드리면 칼로 자른 것보다 즙이 더 풍부하게 나온다.

2 볼에 자른 오이를 담고 소금 ⅕숟가락, 설탕 ⅔숟가락, 식초 2숟가락, 다진 마늘 ⅕숟가락을 넣어 골고루 버무린다.

3 양념한 오이에 통깨를 부숴 넣고 골고루 섞는다.

4 오이탕탕이는 냉장고에 넣어두었다 차갑게 먹으면 더욱 맛있다.

도토리묵 무침

○

주재료
도토리묵 1팩(300g), 오이 1개, 당근 조금

양념
설탕 1숟가락, 고춧가루 1숟가락,
진간장 2숟가락, 식초 2숟가락,
참기름 1숟가락, 통깨 조금

보관
냉장 보관 2일 이내

1 도토리묵 1팩(300g)은 먹기 좋은 크기로 썰어서 끓는 물에 3분간 데치거나 뜨거운 물에 5분간 담갔다 찬물에 헹군다.

2 오이 1개는 어슷썰기를 하고, 당근은 채썰기를 한다.

3 볼에 어슷 썬 오이와 채 썬 당근을 담고, 설탕 1숟가락, 고춧가루 1숟가락, 진간장 2숟가락, 식초 2숟가락, 참기름 1숟가락, 통깨를 넣어 버무린다.

4 도토리묵을 넣고 부서지지 않게 살살 양념에 버무린다.

매콤어묵콩나물볶음

주재료
사각어묵 80g(2장), 콩나물 300g,
양파 ¼개, 대파 ¼개, 고추 1개

양념
진간장 2숟가락, 맛술 1숟가락,
설탕 ½숟가락, 고추장 ½숟가락,
다진 마늘 1숟가락, 후춧가루 조금,
식용유 2숟가락, 물 3숟가락, 참기름 조금,
통깨 조금

보관
냉장 보관 3일 이내

1 사각어묵 80g(2장)은 길게 잘라서 끓는 물에 데치거나 뜨거운 물에 5분간 담가 불순물을 제거한다.

2 콩나물 300g은 씻어서 준비하고, 양파 ¼개는 채썰기, 대파 ¼개는 길게 썰기, 고추 1개는 어슷썰기를 한다.

3 볼에 진간장 2순가락, 맛술 1순가락, 설탕 ½순가락, 고추장 ½순가락, 다진 마늘 1순가락, 후춧가루를 섞어 양념장을 만든다.

4 웍에 식용유 2순가락을 두르고 예열한 후 중불에 길게 자른 어묵과 채 썬 양파를 먼저 볶는다.

5 양파가 투명하게 익기 시작하면 양념장 절반을 넣고 섞으면서 볶는다.

6 어묵과 양파에 양념이 입혀지면 콩나물을 넣는다.

7 중불을 유지하며 나머지 양념장과 물 3순가락을 넣고 위아래로 뒤적이며 볶는다.

8 콩나물 숨이 죽고 양념이 고루 섞이면 길게 썬 대파와 어슷 썬 고추를 넣고 한 번 더 볶는다.

9 참기름을 한 번 두르고 살짝 섞은 다음 통깨를 뿌린다.

1만원 2주 차 반찬 리스트

두부조림 깻잎김치 애호박채전

느타리들깨무침 참치김치볶음

장바구니 리스트

품 목	구입량	가 격	사용된 레시피
두부	1모(300g)	1,980원	두부조림
깻잎	20장(30g)	1,490원	깻잎김치
애호박	1개	2,490원	애호박채전
느타리버섯	200g	1,490원	느타리들깨무침
캔참치	1캔(150g)	2,500원	참치김치볶음
		총 9,950원	

그 외 재료 : 김치, 양파, 대파, 당근, 부침가루, 들깻가루

두부조림

○

주재료
두부 1모(300g), 양파 ¼개, 대파 1토막

양념
진간장 1.5숟가락, 참치액 1숟가락,
맛술 1숟가락, 고춧가루 2숟가락,
설탕 ⅓숟가락, 고추장 ½숟가락,
다진 마늘 ½숟가락, 물 3숟가락,
후춧가루 조금, 식용유 2숟가락

보관
냉장 보관 3일 이내

1 두부 1모(300g)는 절반을 잘라 도톰하게 썰어서 키친타월에 올려 물기를 제거하고, 양파 ¼개는 채썰기, 대파 1토막은 송송 썰기를 한다.

2 작은 볼에 진간장 1.5숟가락, 참치액 1숟가락, 맛술 1숟가락, 고춧가루 2숟가락, 설탕 ⅓숟가락, 고추장 ½숟가락, 다진 마늘 ½숟가락, 물 3숟가락, 후춧가루를 섞어 양념장을 만든다.

3 팬에 식용유 2숟가락을 두르고 중불로 예열한 후 물기를 제거한 두부를 올려서 굽는다.

4 한쪽 면이 노릇하게 구워지면 두부를 뒤집고 양념장을 골고루 펼쳐 올린다.

5 양념장 위에 채 썬 양파와 송송 썬 대파를 올리고 중약불에 천천히 조린다.
* 불이 세서 너무 바짝 졸여졌다면 물을 조금만 추가해서 조린다.

깻잎김치

주재료
깻잎 20장(30g), 양파 ⅛개, 대파 1토막, 당근 조금

양념
진간장 2숟가락, 고춧가루 2숟가락, 설탕 ½숟가락, 액젓(멸치) ½숟가락, 다진 마늘 ⅓숟가락, 물 2숟가락, 통깨 ½숟가락

보관
냉장 보관 7일 이내

1 깻잎은 깨끗이 씻어서 꼭지 끝부분만 잘라낸다. 꼭지를 조금 남겨두어야 젓가락으로 집기 편하다. 양파 ⅛개, 대파 1토막, 당근은 잘게 다진다.

2 작은 볼에 진간장 2숟가락, 고춧가루 2숟가락, 설탕 ½숟가락, 액젓(멸치) ½숟가락, 다진 마늘 ⅓숟가락, 물 2숟가락, 통깨 ½숟가락을 섞어서 양념장을 만든다.

3 깻잎 2장에 양념장 ⅓숟가락씩 펼쳐 바르며 번갈아 겹쳐서 올린다.

4 바로 먹어도 좋지만 밀폐용기에 담아 냉장고에 하루 동안 넣어두면 맛있게 절여진다.

애호박채전

○

주재료
애호박 1개, 양파 ¼개, 당근 조금,
청양고추 1개(생략 가능)

양념
소금 ⅓숟가락, 부침가루 3숟가락,
물 50㎖, 식용유 넉넉히

보관
냉장 보관 2일 이내

1 애호박 1개를 얇게 채썰기를 해서 볼에 담고 소금 ⅓숟가락을 섞어 5분간 절인다.

2 양파 ¼개와 당근도 얇게 채썰기를 한다. 매콤한 맛을 좋아한다면 청양고추 1개도 썰어 넣으면 맛있다.

3 절인 애호박은 물기를 꼭 짜내고 채 썬 양파와 당근, 부침가루 3숟가락을 넣어 젓가락으로 섞는다.

4 부침가루가 채소에 골고루 묻으면 물 50㎖를 넣어서 한 번 더 섞는다.

5 팬에 식용유를 넉넉히 두르고 중불로 예열한 후 반죽을 조금씩 덜어서 중약불에 굽는다. 채소의 수분으로 겉은 바삭하고 속은 촉촉한 전이 만들어진다.

* 냉장고에 보관하기보다 부쳐서 바로 먹는 것이 좋다.

느타리 들깨무침

주재료
느타리버섯 200g, 대파 ¼대

양념
식용유 2숟가락, 소금 1꼬집, 물 50㎖, 국간장 ½숟가락, 들깻가루 3숟가락

보관
냉장 보관 3일 이내

1 느타리버섯 200g은 지저분한 밑동을 잘라 낸 후 결대로 적당히 찢고, 대파 ¼대는 송송 썬다.

2 팬에 식용유 2숟가락을 두르고 예열한 후 느타리버섯과 송송 썬 대파를 넣고 소금 1꼬집을 뿌려서 중불에 볶는다.

3 버섯에서 수분이 나오면 물 50㎖와 국간장 ½숟가락을 넣고 중불에 짧게 볶는다.

4 들깻가루 3숟가락을 넣고 골고루 볶는다.

5 모자란 간은 소금을 더해서 맞춘다.

참치김치볶음

주재료
익은 김치 ¼포기, 캔참치 1캔(150g),
양파 ½개, 대파 ¼대

양념
식용유 2숟가락, 고추장 1숟가락,
고춧가루 ½숟가락, 물 150㎖,
설탕 1숟가락

보관
냉장 보관 7일 이내

1 익은 김치 ¼포기는 양념을 한 번 털어내고 먹기 좋은 크기로 자른다.

2 양파 ½개는 채썰기, 대파 ¼대는 어슷썰기를 한다.

3 웍에 식용유 2숟가락을 두르고 채 썬 양파, 어슷 썬 대파를 넣고 중불에 볶는다.

4 양파가 투명하게 익기 시작하면 자른 김치를 넣고 같이 볶는다. 많이 신 김치는 설탕 ½숟가락을 넣어 신맛을 잡아준다.

5 김치가 부드럽게 익기 시작하면 기름기를 뺀 참치 1캔(150g)을 넣고 섞는다.

6 김치와 참치가 골고루 섞이면 고추장 1숟가락, 고춧가루 ½숟가락을 넣고 중불에 섞으면서 볶는다.

7 양념이 골고루 입혀지면 물 150㎖를 넣고 중약불에 한 번 더 볶아서 김치가 부드러워질 때까지 익힌다.

8 김치가 충분히 부드러워지고 국물이 자작해지면 설탕 1숟가락을 넣어 단맛을 더한다.

9 참치김치볶음을 밥 위에 올리고 달걀 프라이를 더해서 덮밥으로 먹거나, 반찬용기에 담아 냉장 보관해두고 차갑게 먹어도 좋다.

1만원 3주 차 반찬 리스트

양파장아찌   숙주나물   미역줄기볶음

소시지야채볶음   달걀말이

장바구니 리스트

품 목	구입량	가 격	사용된 레시피
양파	2개	1,000원	양파장아찌
숙주	300g	1,290원	숙주나물
염장 미역줄기	300g	2,800원	미역줄기볶음
소시지	1봉지(240g)	3,790원	소시지야채볶음
달걀	4개	1,200원	달걀말이
		총 10,080원	

그 외 재료 : 양파, 마늘, 고추, 대파, 당근(생략 가능)

양파장아찌

주재료
양파 2개, 청양고추 3개

양념
물 1.5컵, 진간장 1컵, 설탕 ⅔컵, 식초 ⅔컵
* 1컵=180㎖

보관
냉장 보관 2주 이내

1 양파 2개는 깍둑썰기, 청양고추 3개는 송송 썰기를 한다.

2 냄비에 물 1.5컵, 진간장 1컵, 설탕 ⅔컵을 넣고 중불에 끓인다.

3 가장자리가 한 번 바르르 끓으면 불을 끄고 식초 ⅔컵을 넣어 섞는다.

4 유리 용기에 깍둑 썬 양파와 송송 썬 청양 고추를 담는다.
* 오래 두고 먹는다면 유리 용기를 미리 열탕 소독을 한다.

5 양파에 끓인 간장물을 붓고 뚜껑을 닫은 채로 한 김 식힌 후 냉장 보관한다.

숙주나물

○

주재료
숙주 300g

양념
물 150㎖, 소금 ¼숟가락,
다진 마늘 ½숟가락, 국간장 ⅔숟가락,
참기름 1숟가락, 통깨 조금

보관
냉장 보관 3일 이내

1 숙주 300g은 시들거나 지저분한 부분을 제거하고 찬물에 깨끗이 헹군다.

2 냄비에 물 150㎖와 소금 ¼숟가락을 넣고 끓인다.

3 물이 끓으면 중불에 숙주를 넣고 뚜껑을 닫아 1분간 데친다.
* 오래 데치면 아삭한 식감이 없어지므로 주의한다.

4 데친 숙주는 찬물에 담가 열기를 빼고 물기를 꼭 짜낸다.

5 데친 숙주를 볼에 담고 다진 마늘 ½숟가락, 국간장 ⅔숟가락, 참기름 1숟가락, 통깨를 넣어 살살 버무려서 무치고 모자란 간은 소금으로 더한다.
* 냉장 보관 중에 나물에서 수분이 나오기 때문에 나물 종류는 조금 더 짭짤하게 간을 한다.

미역줄기 볶음

○

주재료
염장 미역줄기 300g, 양파 ½개, 당근 조금

양념
식용유 4숟가락, 다진 마늘 1숟가락,
국간장 1숟가락, 참치액 1숟가락,
맛술 1숟가락, 참기름 1숟가락, 통깨 넉넉히

보관
냉장 보관 5일 이내

1 염장 미역줄기 300g은 물에 서너 번 헹궈 소금을 제거하고 찬물에 2시간 이상 담가 짠맛을 빼낸다.
• 맛을 보고 짠맛이 거의 빠질 때까지 찬물에 담가둔다.

2 양파 ½개와 당근은 채썰기를 한다.

3 팬에 식용유 4숟가락을 두르고 다진 마늘 1숟가락을 중약불에 볶는다.

4 중불로 올린 후 미역줄기와 채 썬 당근을 넣고 물기를 날리며 볶는다.
• 미역줄기를 충분히 오래 볶아야 비린내를 없앨 수 있다.

5 채 썬 양파를 넣고 한 번 더 볶다가 국간장 1숟가락, 참치액 1숟가락, 맛술 1숟가락을 넣고 중불에 섞어가면서 볶는다.

6 모자란 간은 소금을 더해서 맞추고, 참기름 1숟가락을 둘러서 섞은 후 통깨를 넉넉히 뿌린다.

소시지 야채볶음

○

주재료
소시지 1봉지(240g), 양파 ½개, 마늘 8개

양념
식용유 2숟가락, 다진 마늘 ½숟가락,
진간장 ½숟가락, 케첩 2숟가락,
굴소스 ⅓숟가락, 후춧가루 조금, 통깨 조금

보관
냉장 보관 3일 이내

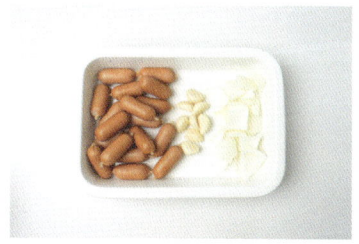

1 소시지 1봉지(240g)는 어슷하게 칼집을 내고, 양파 ½개는 깍둑썰기를 한다. 마늘은 통으로 사용하거나 절반으로 자른다.

2 팬에 식용유 2숟가락을 두르고 다진 마늘 ½숟가락을 중약불에 타지 않게 볶는다.

3 소시지와 마늘, 깍둑 썬 양파를 넣고 중불에 볶는다.

4 진간장 ½숟가락, 케첩 2숟가락, 굴소스 ⅓숟가락을 넣고 섞어서 양념을 입힌다.

5 후춧가루와 통깨를 뿌린다.

달걀말이

주재료
달걀 4개, 대파 조금, 당근 조금, 김 조금
*달걀을 제외한 부가적인 재료는 자유롭게 준비한다.

양념
소금 2꼬집, 맛술 1숟가락, 식용유 조금

보관
냉장 보관 3일 이내

1 달걀 4개는 볼에 깨뜨려 담고, 대파와 당근은 잘게 다진다.
• 김 등 부가적인 재료는 자유롭게 준비한다.

2 다진 대파, 당근, 소금 2꼬집, 맛술 1숟가락을 넣고 노른자를 풀면서 섞는다.

3 팬에 식용유를 조금 두르고 중약불로 예열한다.

4 약불로 줄여 달걀물을 ⅓ 붓고 가장자리가 익으면 돌돌 말아준다.

5 달걀물 ⅓을 더 붓고 그 위에 김을 펼쳐 올리고 말아준다.

6 남은 달걀물을 모두 붓고 가장자리가 익으면 돌돌 말아준다.

7 뒤집개로 옆면 모양을 잡으면서 약불에 완전히 익힌다.

8 한 김 식으면 먹기 좋게 썬다.

1만원 4주 차 반찬 리스트

돼지고기약고추장 · 무나물 · 무조림 · 세발나물무침 · 팽이버섯전

장바구니 리스트

품 목	구입량	가 격	사용된 레시피
돼지고기 다짐육	300g	3,990원	돼지고기약고추장
무	1개	2,890원	무나물, 무조림
세발나물	150g	2,490원	세발나물무침
팽이버섯	2봉지	1,390원	팽이버섯전
		총 10,760원	

그 외 재료 : 대파, 당근, 달걀, 부침가루
* 무 1개를 구입해서 800g 사용했습니다.

일주일 식비 절약 반찬 만들기

돼지고기약고추장

주재료
돼지고기 다짐육 300g, 대파 ½대

양념
식용유 1숟가락, 소금 2꼬집, 후춧가루 조금,
고추장 4숟가락, 올리고당 2숟가락,
통깨 1숟가락

보관
냉장 보관 10일 이내

1 돼지고기 다짐육 300g은 키친타월에 놓고 눌러서 핏물을 빼내고, 대파 ½대는 잘게 다진다.

2 냄비에 식용유 1숟가락을 두른 후 다진 대파를 중불에 타지 않게 볶는다.

3 파향이 올라오면 돼지고기 다짐육을 넣고 덩어리를 쪼개면서 볶는다.

4 소금 2꼬집, 후춧가루를 넣고 바짝 볶는다.

5 돼지고기가 완전히 익으면 고추장 4숟가락을 넣고 섞으면서 볶는다.

6 고추장을 잘 섞은 후 올리고당 2숟가락을 넣어 단맛을 더한다. 취향에 따라 올리고당을 가감한다.

7 통깨 1숟가락을 뿌려 섞고, 밀폐용기에 담아 한 김 식힌 후 냉장 보관한다.

무나물

○

주재료
무 300g

양념
식용유 2숟가락, 물 100㎖(코인 육수 1개),
다진 파 조금, 다진 마늘 ⅓숟가락, 소금 조금,
통깨 조금

보관
냉장 보관 3일 이내

1 무 300g을 약 0.5cm 두께로 얇게 채썰기를 한다.

2 팬에 식용유 2숟가락을 둘러서 예열한 후 무채를 중불에 볶는다.

3 물 100㎖와 코인 육수 1개를 넣고 중약불에 5분간 무를 익힌다. 코인 육수 대신 일반 육수를 사용해도 된다.

4 무가 투명하게 익으면 다진 파와 다진 마늘 ⅓숟가락을 넣고 뒤적인다.

5 모자란 간은 소금을 더해서 맞추고, 통깨를 뿌린다.

무조림

주재료
무 500g, 대파 ¼대

양념
물 600㎖, 코인 육수 2개(또는 다시팩 1개), 진간장 2.5숟가락, 다진 마늘 1숟가락, 설탕 1숟가락, 고춧가루 2숟가락, 통깨 조금

보관
냉장 보관 3일 이내

1 무 500g은 1cm 두께로 도톰하게 썰고, 대파 ¼대는 송송 썬다.

2 냄비에 물 600㎖와 코인 육수 2개(또는 다시팩 1개)를 넣는다. 물이 끓고 육수가 충분히 우러나면 다시팩은 건져내고 잘라둔 무를 넣고 중불에 5분간 익힌다.

3 무가 절반 정도 익으면 진간장 2.5숟가락, 다진 마늘 1숟가락, 설탕 1숟가락, 고춧가루 2숟가락을 넣고 뚜껑을 닫아 중약불에 10~15분간 조린다.

4 무가 완전히 익고 양념이 배어들면 송송 썬 대파와 통깨를 뿌린다.

세발나물 무침

○

주재료
세발나물 150g

양념
소금 ½숟가락, 된장 ½숟가락,
다진 마늘 ½숟가락, 올리고당 ½숟가락,
참기름 조금, 통깨 조금

보관
냉장 보관 2일 이내

1 세발나물 150g은 물에 담가 이물질을 제거하고 한 번 헹군다.

2 끓는 물에 소금 ½숟가락을 먼저 넣은 다음 세발나물을 넣고 한두 번 뒤적인 후 바로 꺼내 찬물에 식힌다.

3 찬물에 헹군 세발나물은 물기를 꼭 짜내고 먹기 좋게 한두 번 자른다.

4 볼에 된장 ½숟가락, 다진 마늘 ½숟가락, 올리고당 ½숟가락을 섞어 양념장을 만든다.

5 양념장에 세발나물을 넣고 살살 버무린 뒤 참기름을 둘러서 살짝 버무리고 통깨를 뿌린다.

팽이버섯전

주재료
팽이버섯 2봉지, 당근 ¼개, 달걀 3개

양념
부침가루 2숟가락, 소금 ¼숟가락, 후춧가루 조금, 식용유 넉넉히

보관
냉장 보관 2일 이내

1 팽이버섯 2봉지는 지저분한 밑동을 잘라낸 후 2cm 길이로 자르고, 당근 ¼개는 잘게 다진다.

2 볼에 자른 팽이버섯과 잘게 다진 당근, 부침가루 2숟가락, 달걀 3개, 소금 ¼숟가락, 후춧가루를 넣고 골고루 섞는다.

3 팬에 식용유를 넉넉히 두르고 중불로 예열한 후 중약불로 줄여서 팽이버섯 반죽을 1숟가락씩 떠서 굽는다.

4 한 면이 노릇하게 구워지면 뒤집어서 반대쪽도 충분히 굽는다.

5 양쪽 면 모두 노릇하게 굽는다.

2만원으로
미리 만들어두는
일주일 반찬

돼지고기까지 사용할 수 있는
2만원 반찬 리스트입니다.
1만원대 반찬보다는 조금 더 풍성하게 식탁을 차릴 수 있습니다.

2만원 한달 식단표

1주차 — 18,860원

- 바삭한 멸치볶음
- 돼지고기장조림
- 매콤콩나물무침
- 미니새송이버섯볶음
- 고추된장무침

2주차 — 19,630원

- 감자전
- 스팸두부간장조림
- 시금치나물
- 진미채고추장볶음
- 청포묵무침

2만원 1주 차 반찬 리스트

바삭한 멸치볶음

돼지고기장조림

매콤콩나물무침

미니새송이버섯볶음

고추된장무침

장바구니 리스트

품 목	구입량	가 격	사용된 레시피
세멸치(잔멸치)	150g	6,990원	바삭한 멸치볶음
장조림용 돼지고기 안심	300g	5,400원	돼지고기장조림
콩나물	1봉지(300g)	1,490원	매콤콩나물무침
미니 새송이버섯	300g	2,490원	미니새송이버섯볶음
풋고추	100g	2,490원	고추된장무침
		총 18,860원	

그 외 재료 : 양파, 마늘, 고추, 대파

바삭한 멸치볶음

주재료
세멸치(잔멸치) 150g, 마늘 10개, 고추 2개

양념
식용유 3숟가락, 설탕 2숟가락,
진간장 1숟가락, 올리고당 3숟가락,
통깨 넉넉히

보관
냉장 보관 10일 이내

1 세멸치(잔멸치) 150g은 팬에 식용유를 두르지 않고 중약불에 볶는다.
한 번 볶으면 수분을 날리면서 비린내를 없앨 수 있다.

2 볶은 잔멸치는 체에 받쳐 가루를 털어내고 펼쳐서 한 김 식힌다.

3 마늘 10개는 도톰하게 편 썰고, 고추 2개는 어슷썰기를 한다.

4 팬에 식용유 3숟가락을 두르고 편 썬 마늘을 중약불에 볶는다.

5 한 김 식힌 멸치를 넣고 튀기듯이 골고루 볶는다.

6 눅눅한 멸치가 전체적으로 마르면 어슷 썬 고추를 넣고 한 번 더 섞는다.

7 설탕 2숟가락, 진간장 1숟가락을 두르고 골고루 섞는다.
• 멸치가 짠 편이라면 간장은 생략해도 좋다.

8 불을 끄고 올리고당 3숟가락, 통깨를 넣고 한 번 더 섞는다.

9 바삭한 멸치볶음을 밀폐용기에 담아서 한 김 식힌 후 냉장 보관한다.
• 식힌 후 보관해야 덩어리지지 않는다.

돼지고기 장조림

○

주재료
돼지고기 안심 300g, 대파 1대, 마늘 10개, 고추 2개

양념
물 1.2ℓ, 소금 ½숟가락, 진간장 50㎖, 맛술 15㎖, 설탕 2숟가락, 올리고당 2숟가락, 통깨 조금

보관
냉장 보관 7일 이내

1 대파 1대는 길게, 고추 2개는 2cm 길이로 듬성듬성 썰고, 마늘 10개를 준비한다.

2 냄비에 물 1.2ℓ를 붓고 끓으면 썰어둔 대파, 마늘 10개, 돼지고기 안심 300g, 소금 ½숟가락을 넣고 중불에 15분간 삶는다.

3 삶은 돼지고기 안심은 꺼내서 한 김 식힌 후 잘게 찢는다. 이때 고기 삶은 물은 체에 걸러 300㎖ 준비한다.
* 고기는 칼로 썰어도 되지만 손으로 찢으면 덜 질기고 양념도 잘 밴다.

4 냄비에 고기 삶은 물 300㎖, 진간장 50㎖, 맛술 15㎖, 설탕 2숟가락을 넣고 끓인다. 고기 삶은 물 대신 생수를 사용해도 된다.
* 흑설탕을 넣으면 조금 더 진하고 먹음직스러운 색을 낼 수 있다.

5 양념물이 끓으면 찢어둔 고기를 넣고 중약불에 7분, 썰어둔 고추를 넣고 5분간 끓인다.

6 마지막으로 올리고당 2숟가락을 추가하고, 통깨를 뿌린다.

매콤콩나물 무침

○

주재료
콩나물 1봉지(300g), 대파 1토막

양념
소금 ½숟가락, 다진 마늘 ½숟가락, 고춧가루 1.5숟가락, 국간장 ½숟가락, 참치액 1숟가락, 참기름 1숟가락, 통깨 조금

보관
냉장 보관 3일 이내

1 콩나물 1봉지(300g)는 찬물에 씻어서 지저분한 부분은 제거하고, 대파 1토막은 얇게 송송 썬다.

2 끓는 물에 소금 ½숟가락을 넣고 콩나물을 3분간 데친다.

3 데친 콩나물을 찬물에 한 번 헹궈서 아삭한 식감을 살린다.

4 볼에 물기를 뺀 콩나물을 담고, 다진 마늘 ½숟가락, 고춧가루 1.5숟가락, 국간장 ½숟가락, 참치액 1숟가락, 참기름 1숟가락, 통깨를 넣는다.

5 콩나물과 양념을 위아래로 살살 섞고, 모자란 간은 소금을 더해서 맞춘다.

미니새송이 버섯볶음

주재료
미니 새송이버섯 300g, 양파 ¼개, 대파 ¼대

양념
식용유 2숟가락, 다진 마늘 ½숟가락, 소금 1꼬집, 진간장 1숟가락, 굴소스 1숟가락, 올리고당 2숟가락, 참기름 ½숟가락, 후춧가루 조금

보관
냉장 보관 3일 이내

1 새송이버섯 300g은 한 입 크기로 자르고, 양파 ¼개는 채썰기, 대파 ¼대는 송송 썬다.

2 팬에 식용유 2숟가락을 두르고 채 썬 양파, 다진 마늘 ½숟가락을 중불에 볶는다.

3 양파가 투명하게 익기 시작하면 새송이버섯과 소금 1꼬집을 넣고 중불에 볶는다.

4 새송이버섯에서 수분이 나오기 시작하면 진간장 1숟가락, 굴소스 1숟가락을 넣고 중강불에 빠르게 볶는다. 약불에 천천히 볶으면 버섯에서 수분이 너무 많이 나온다.

5 송송 썬 대파, 올리고당 2숟가락, 후춧가루, 참기름 ½숟가락을 넣고 한 번 더 볶는다.

고추된장 무침

○

주재료
풋고추 100g

양념
된장 1숟가락, 설탕 ⅓숟가락,
다진 마늘 ½숟가락, 올리고당 ½숟가락,
통깨 조금

보관
냉장 보관 2일 이내
오래 두면 물기가 생기므로 빨리 먹는 것이 좋다.

1 풋고추 100g은 먹기 좋은 크기로 썬다.

2 볼에 풋고추를 담고, 된장 1숟가락, 설탕 ⅓숟가락, 다진 마늘 ½숟가락, 올리고당 ½숟가락, 통깨를 넣는다.

3 숟가락으로 살살 버무려 풋고추에 양념을 골고루 묻힌다.

2만원 2주 차 반찬 리스트

감자전   스팸두부간장조림   시금치나물

진미채고추장볶음   청포묵무침

장바구니 리스트

품목	구입량	가격	사용된 레시피
감자	500g	2,500원	감자전
스팸	1캔(200g)	2,500원	스팸두부간장조림
두부	1모(300g)	2,200원	스팸두부간장조림
시금치	200g	2,590원	시금치나물
진미채	150g	7,490원	진미채고추장볶음
청포묵	300g	2,350원	청포묵무침
		총 19,630원	

그 외 재료 : 대파, 조미김

감자전

주재료
감자 500g

양념
소금 2꼬집, 식용유 넉넉히,
진간장 ½숟가락, 식초 ½숟가락,
고춧가루 조금, 물 2숟가락

보관
전은 오래 두면 눅눅해지니 바로 먹는다.

1 감자 500g은 껍질을 벗기고 깍둑썰기를 한 다음 믹서나 강판에 간다.

2 간 감자를 체에 받쳐서 물기를 짜내고, 감자 전분물은 버리지 않는다.

3 감자에서 나온 물을 그대로 두면 바닥에 전분이 가라앉는다.

4 물만 따라내고 바닥에 가라앉은 전분을 갈아둔 감자에 붓고, 소금 2꼬집을 섞어 반죽을 만든다.

5 팬에 식용유를 넉넉히 두르고 중불로 예열한 후 감자 반죽의 절반을 덜어서 펼친다.

6 양쪽 면을 중약불에 노릇하게 굽는다.

7 진간장 ½숟가락, 식초 ½숟가락, 고춧가루, 물 2숟가락을 섞어 만든 양념장에 감자전을 찍어 먹는다.

스팸두부 간장조림

○

주재료
스팸 1캔(200g), 두부 1모(300g), 대파 ¼대

양념
식용유 2숟가락, 진간장 1.5숟가락, 물 2숟가락, 맛술 1숟가락, 다진 마늘 ½숟가락, 설탕 1숟가락, 후춧가루 조금, 통깨 조금

보관
냉장 보관 3일 이내

1 스팸 1캔(200g)과 두부 1모(300g)는 1cm 두께로 자른다.

2 대파 ¼대는 송송 썰고, 볼에 진간장 1.5숟가락, 물 2숟가락, 맛술 1숟가락, 다진 마늘 ½숟가락, 설탕 1숟가락, 후춧가루를 섞어서 양념장을 만든다.

3 팬에 식용유 2숟가락을 두르고 예열한 후 스팸과 두부를 중불에 굽는다.

4 한쪽 면이 노릇하게 구워지면 뒤집어서 송송 썬 대파와 양념장을 골고루 붓고 중약불에 조린다.

5 양념이 완전히 조려지면 통깨를 골고루 뿌린다.

시금치나물

○

주재료
시금치 200g

양념
소금 ⅓숟가락, 다진 마늘 ⅓숟가락,
국간장 ⅔숟가락, 참기름 1숟가락,
통깨 조금, 소금 조금

보관
냉장 보관 3일 이내

1 시금치 200g은 뿌리 부분의 이물질을 칼로 긁어내고 흙을 깨끗이 씻어낸다. 굵은 시금치는 2~4등분을 한다.

2 냄비에 물을 붓고 끓으면 소금 ⅓숟가락을 넣는다.

3 손질한 시금치를 끓는 물에 넣어서 1분 이내로 짧게 데친다.

4 데친 시금치를 찬물에 헹궈 열기를 식히고 물기를 꼭 짜낸다.

5 뭉쳐진 시금치를 풀고, 다진 마늘 ⅓숟가락, 국간장 ⅔숟가락, 참기름 1숟가락, 통깨를 넣어 조물조물 무친다.

6 모자란 간은 소금을 더해서 맞춘다.

진미채
고추장볶음

주재료
진미채 150g

양념
마요네즈 2숟가락, 식용유 1숟가락, 고추장 1숟가락, 다진 마늘 1숟가락, 진간장 1숟가락, 설탕 1숟가락, 올리고당 1숟가락, 고춧가루 ½숟가락, 통깨 조금

보관
냉장 보관 7일 이내

1 진미채 150g은 먹기 좋게 가위로 자르고, 마요네즈 2숟가락을 넣어서 버무린 뒤 10분간 재워둔다. 진미채는 딱딱하지 않고 말랑말랑한 것이 좋다.

2 팬에 식용유 1숟가락, 고추장 1숟가락, 다진 마늘 1숟가락, 진간장 1숟가락, 설탕 1숟가락, 올리고당 1숟가락, 고춧가루 ½숟가락을 넣는다.

3 불을 켜고 중약불에 양념장을 섞다가 가장자리에 기포가 생기기 시작하면 진미채를 넣고 짧게 섞는다.

4 불을 끄고 한 번 더 골고루 섞은 뒤 통깨를 뿌린다.

청포묵무침

○

주재료
청포묵 300g, 대파 1토막, 조미김 조금

양념
진간장 ½숟가락, 참기름 1숟가락,
통깨 조금, 소금 조금

보관
냉장 보관 2일 이내
묵은 시간이 지나면 굳어지니 바로 먹는 것이 좋다.

1 청포묵 300g은 깍둑썰기, 대파 1토막은 굵게 다진다.

2 끓는 물에 청포묵을 넣어 2분간 데치고, 찬물에 살짝 담가서 열기를 식힌 후 체에 받쳐 물기를 뺀다.

3 볼에 데친 청포묵을 담고 다진 대파, 진간장 ½숟가락, 참기름 1숟가락, 통깨, 조미김을 부숴 넣는다.

4 청포묵이 부숴지지 않도록 숟가락으로 살살 버무리고, 모자란 간은 소금을 더해서 맞춘다.
* 냉장고에 넣어두면 묵이 단단해지므로 바로 먹는 것이 좋다.

2만원 3주 차 반찬 리스트

동그랑땡   돼지고기오이볶음   오이무침

묵은지된장지짐   고사리나물

장바구니 리스트

품 목	구입량	가 격	사용된 레시피
돼지고기 다짐육	600g	6,530원	동그랑땡 돼지고기오이볶음
두부	1모(300g)	2,200원	동그랑땡
오이	3개	5,490원	오이무침 돼지고기오이볶음
데친 고사리	150g	5,990원	고사리나물
		총 20,210원	

그 외 재료 : 양파, 대파, 고추, 묵은지 또는 익은 김치, 밀가루, 달걀

동그랑땡

주재료
돼지고기 다짐육 400g, 두부 1모(300g), 양파 ½개, 대파 흰 부분 ¼대, 고추 2개, 홍고추 1개, 밀가루 3숟가락, 달걀 2개

양념
진간장 2숟가락, 설탕 1숟가락, 맛술 2숟가락, 다진 마늘 1숟가락, 소금 ⅓숟가락, 후춧가루 조금, 식용유 넉넉히

보관
냉장 보관 3일 이내

1 돼지고기 다짐육 400g은 키친타월로 눌러서 핏물을 닦아내고, 두부 1모는 면보에 싸서 물기를 꼭 짜내면서 으깬다.

2 양파 ½개, 대파 흰 부분 ¼대, 고추 2개, 홍고추 1개는 굵게 다진다.

3 큰 볼에 돼지고기 다짐육과 으깬 두부, 다진 양파, 대파, 고추를 담는다.

4 진간장 2숟가락, 설탕 1숟가락, 맛술 2숟가락, 다진 마늘 1숟가락, 소금 ⅓숟가락, 후춧가루, 밀가루를 수북하게 3숟가락 넣는다.

5 반죽이 덩어리질 때까지 충분히 치댄다.

6 반죽은 숟가락 1개 크기로 떠서 동그랗게 모양을 만들고, 달걀 2개를 푼다.

7 팬에 식용유를 넉넉히 두르고 예열한 후 반죽에 달걀물을 입혀서 중약불에 노릇하게 굽는다.

돼지고기 오이볶음

○

주재료
돼지고기 다짐육 200g, 오이 1개

양념
식용유 1숟가락, 소금 ⅓숟가락,
진간장 1숟가락, 맛술 1숟가락,
설탕 ⅓숟가락, 다진 마늘 ½숟가락

보관
냉장 보관 4일 이내

1 오이 1개는 얇게 썰어서 소금 ⅓숟가락을 버무려 10분간 절인다. 돼지고기 다짐육 200g은 키친타월로 눌러서 핏물을 닦아낸 후, 진간장 1숟가락, 맛술 1숟가락, 설탕 ⅓숟가락, 다진 마늘 ½숟가락을 넣고 조물조물 무치듯이 양념을 한다.

2 팬에 식용유 1숟가락을 두르고 예열한 후, 양념한 다짐육을 중불에 볶는다.

3 고기가 익으면 절인 오이를 물에 헹궈 꼭 짜낸 뒤 섞는다.

4 고기와 오이가 어우러지도록 골고루 볶는다.

오이무침

주재료
오이 2개, 양파 ¼개

양념
소금 ½숟가락, 고춧가루 1.5숟가락, 진간장 1숟가락, 참치액 1숟가락, 설탕 1숟가락, 식초 2숟가락, 다진 마늘 ⅓숟가락, 참기름 1숟가락, 통깨 조금

보관
냉장 보관 3일 이내

1 오이 2개는 어슷썰기, 양파 ¼개는 얇게 채 썰기를 한다.

2 볼에 오이를 담고 소금 ½숟가락을 버무려서 10분간 절인 후 찬물에 헹구고 물기를 꼭 짜낸다.

3 볼에 절인 오이, 채 썬 양파, 고춧가루 1.5숟가락, 진간장 1숟가락, 참치액 1숟가락, 설탕 1숟가락, 식초 2숟가락, 다진 마늘 ⅓숟가락을 넣고 골고루 버무린다.

4 참기름 1숟가락을 둘러서 살짝 섞고 통깨를 뿌린다.

묵은지 된장지짐

○

주재료
묵은지(또는 익은 김치) 400g

양념
들기름 4숟가락, 된장 수북이 1숟가락, 설탕 ½숟가락, 다진 마늘 ½숟가락, 물(또는 쌀뜨물) 200㎖, 통깨 조금

보관
냉장 보관 7일 이내

1 묵은지 400g은 물에 양념을 씻어내고 물기를 꼭 짜낸다.

2 씻은 묵은지를 먹기 좋은 크기로 자른다.

3 웍에 들기름 2숟가락을 두르고 묵은지를 중불에 볶는다.
* 들기름 대신 참기름을 사용해도 된다.

4 된장을 수북이 1숟가락, 설탕 ½숟가락, 다진 마늘 ½숟가락을 넣고 한 번 볶는다.

5 물(또는 쌀뜨물) 200㎖를 넣고 중약불에 약 15분간 부드럽게 익힌다. 묵은지가 부드러워질 때까지 물을 넣어가면서 끓인다.

6 들기름 2숟가락을 둘러서 한 번 섞고 통깨를 뿌린다.

고사리나물

주재료
데친 고사리 150g, 대파 흰 부분 1토막

양념
들기름 1숟가락, 다진 마늘 ⅓숟가락,
물 50㎖, 국간장 ½숟가락,
설탕 ⅓숟가락, 소금 조금, 통깨 조금

보관
냉장 보관 4일 이내

1 데친 고사리 150g은 물에 헹군 후 먹기 좋은 크기로 자르고, 대파 흰 부분 1토막은 잘게 다진다.

2 팬에 들기름 1숟가락을 두르고, 다진 마늘 ⅓숟가락, 다진 대파를 중약불에 향을 내며 볶는다.

3 파향이 올라오면 데친 고사리를 넣고 중불에 충분히 볶는다.

4 물 50㎖, 국간장 ½숟가락, 설탕 ⅓숟가락을 넣고 중약불에 조린다.

5 소금을 살짝 넣어 간을 맞추고 통깨를 뿌린다.

2만원 4주 차 반찬 리스트

연근조림 연근유자샐러드 참치쌈장&양배추쌈

양배추베이컨볶음 베이컨팽이버섯말이 마늘종볶음

장바구니 리스트

품 목	구입량	가 격	사용된 레시피
연근	600g (손질 후 500g)	5,990원	연근조림 연근유자샐러드
참치	1캔(85g)	1,500원	참치쌈장
양배추	500g	2,190원	양배추쌈 양배추베이컨볶음
베이컨	200g	3,990원	양배추베이컨볶음 베이컨팽이버섯말이
팽이버섯	2봉지	1,390원	베이컨팽이버섯말이
마늘종	300g	4,990원	마늘종볶음
		총 20,050원	

그 외 재료 : 대파, 당근, 고추, 유자청

연근조림

주재료
연근 400g

양념
식초 2숟가락, 식용유 2숟가락,
진간장 3.5숟가락, 설탕 2숟가락,
맛술 2숟가락, 물 200㎖, 물엿 2숟가락,
참기름 조금, 통깨 조금

보관
냉장 보관 5일 이내

1 연근 400g은 껍질을 벗기고 1cm 두께로 썬다.

* 연근을 물에 담가두면 갈변을 막을 수 있다.

2 끓는 물에 식초 2숟가락을 넣고 연근을 10분간 삶은 후 찬물에 헹군다.

3 웍에 식용유 2숟가락을 두르고 연근을 중불에 볶으면서 수분을 완전히 날린다.

4 진간장 3.5숟가락, 설탕 2숟가락, 맛술 2숟가락을 넣고 골고루 볶는다.

5 물 200㎖를 붓고 중약불에 15분간 물기가 없어질 때까지 조린다.

6 물엿 2숟가락을 넣고 골고루 볶으면서 바짝 조린다.

7 불을 끄고 참기름을 둘러서 한 번 섞고, 통깨를 뿌린다.

연근유자 샐러드

○

주재료
연근 200g, 당근 또는 파프리카 조금(생략 가능)

양념
올리브유 2숟가락, 유자청 1숟가락, 식초(또는 레몬즙) 1숟가락, 소금 조금, 후춧가루 조금

보관
냉장 보관 2일 이내
샐러드는 시간이 지나면 맛이 떨어지니 먹기 직전에 만드는 것이 좋다.

1 연근 200g은 껍질을 벗기고 얇게 썰어서 끓는 물에 2분간 데친 후 찬물에 헹구고 물기를 제거한다. 당근 또는 파프리카는 채썰기를 한다.(생략 가능)

2 볼에 올리브유 2숟가락, 유자청 1숟가락, 식초(또는 레몬즙) 1숟가락, 소금, 후춧가루를 섞어서 드레싱을 만든다.

3 드레싱에 얇게 썬 연근과 채 썬 당근을 넣고 버무린다.

참치쌈장 &양배추쌈

주재료
참치 1캔(85g), 대파 흰 부분 ⅕대,
청양고추 1개, 홍고추 1개, 양배추 250g

양념
된장 1.5숟가락, 고추장 ⅓숟가락,
설탕 ⅓숟가락, 다진 마늘 ⅓숟가락,
참기름 1숟가락, 통깨 조금

보관
냉장 보관 5일 이내(참치쌈장),
3일 이내(양배추쌈)

1 대파 흰 부분 ⅕대, 청양고추 1개, 홍고추 1개는 굵게 다진다.

2 양배추 250g은 씻은 다음 전자레인지에 3분간 돌린 후 추가로 3분 더 돌려서 익힌다.

3 볼에 기름기를 뺀 참치 1캔(85g), 다진 대파, 청양고추, 홍고추를 넣는다.

4 된장 1.5숟가락, 고추장 ⅓숟가락, 설탕 ⅓숟가락, 다진 마늘 ⅓숟가락, 참기름 1숟가락, 통깨를 넣고 섞는다.

5 삶은 양배추에 밥과 참치쌈장을 올려서 싸 먹는다.
* 데친 두부를 으깨 넣으면 더욱 든든하다.
* 두부를 추가하면 보관 기간이 줄어든다.

양배추 베이컨볶음

○

주재료
베이컨 100g, 양배추 250g, 대파 ¼대, 당근 조금

양념
식용유 1숟가락, 소금 1꼬집, 후춧가루 조금, 굴소스 1숟가락, 진간장 ½숟가락

보관
냉장 보관 3일 이내

1 베이컨 100g은 길게 썰고, 양배추 250g은 한 입 크기로 썬다. 대파 ¼대는 길게 썰고, 당근은 조금 굵게 채썰기를 한다.

2 팬에 식용유 1숟가락을 두르고 베이컨을 중불에 볶는다.

3 베이컨에서 기름이 나오면 썰어둔 양배추, 당근을 넣는다.

4 소금 1꼬집을 뿌리고 양배추 숨이 살짝 죽을 정도로 중불에 볶는다.

5 굴소스 1숟가락을 넣고, 진간장 ½숟가락을 가장자리에 둘러 섞으면서 볶는다.

6 길게 썬 대파를 넣고 볶은 뒤 후춧가루를 조금 뿌린다.

베이컨 팽이버섯 말이

주재료
베이컨 100g, 팽이버섯 2봉지

양념
진간장 1.5숟가락, 설탕 1숟가락,
다진 마늘 ⅓숟가락, 물 1숟가락,
후춧가루 조금

보관
냉장 보관 2일 이내
팽이버섯은 금방 눅눅해지니 바로 먹는 것이 좋다.

1 볼에 진간장 1.5숟가락, 설탕 1숟가락, 다진 마늘 ⅓숟가락, 물 1숟가락, 후춧가루를 섞어 소스를 만든다.

2 베이컨 100g은 반으로 자르고, 팽이버섯 2봉지는 밑동을 잘라낸 다음 베이컨 개수에 맞게 적당한 두께로 찢어둔다.

3 베이컨을 먼저 펼치고 팽이버섯을 올려 돌돌 만다.

4 구우면서 줄어들기 때문에 조금 단단히 말아준다.

5 예열한 팬에 베이컨 끝부분이 밑으로 가도록 올려서 중약불에 굽는다.

6 소스를 베이컨팽이버섯말이 위에 조금씩 올리고, 아랫면이 노릇하게 익으면 뒤집어서 마저 굽는다.

마늘종볶음

주재료
마늘종 300g, 당근 조금

양념
소금 ½숟가락, 식용유 2숟가락,
다진 마늘 ½숟가락, 설탕 1숟가락,
고춧가루 1.5숟가락, 진간장 2숟가락,
물엿 1숟가락, 참기름 조금, 통깨 조금

보관
냉장 보관 5일 이내

1 마늘종 300g은 5~6cm 길이로 자르고, 당근은 채썰기를 한다.

2 끓는 물에 소금 ½숟가락과 함께 마늘종을 넣어 1분간 데친 후 찬물에 헹궈서 물기를 뺀다.

3 팬에 식용유 2숟가락을 두르고 다진 마늘 ½숟가락을 중불에 볶는다.

4 데친 마늘종과 채 썬 당근을 넣고 수분을 날리면서 볶는다.

5 설탕 1숟가락, 고춧가루 1.5숟가락, 진간장 2숟가락을 넣고 골고루 섞으면서 볶는다.

6 물엿 1숟가락을 넣어 단맛과 윤기를 더한다.

7 참기름을 둘러서 한 번 섞고, 통깨를 뿌린다.

3만원으로
미리 만들어두는
일주일 반찬

3만원으로 선택할 수 있는 식재료의 폭이 넓어졌어요!
하나만 꺼내도 충분한 메인 요리 한 가지를 추가하고,
오래 보관할 수 있는 밑반찬도 만들어서
식탁을 조금 더 풍성하게 채워보세요.

3만원 한달 식단표

1주차 — 29,670원
오징어볶음 · 오징어부추전 · 부추짜박이 · 당근라페 · 멸치고추장볶음 · 브로콜리무침

2주차 — 31,500원
수제 돈가스 · 감자고추장조림 · 공심채볶음 · 두부톳무침 · 쥐포고추장볶음

3주차 — 27,655원: 꼬막무침, 메추리알고추장조림, 단무지무침, 취나물무침, 매콤어묵볶음, 돼지고기가지볶음

4주차 — 30,950원: 돼지고기간장볶음, 두부강된장, 애호박버섯볶음, 우엉조림, 감자샐러드, 콩자반

3만원 1주 차 반찬 리스트

오징어볶음 · 오징어부추전 · 부추짜박이

당근라페 · 멸치고추장볶음 · 브로콜리무침

장바구니 리스트

품 목	구입량	가 격	사용된 레시피
손질 오징어	3마리(600g)	12,900원	오징어볶음 오징어부추전
부추	200g	2,490원	오징어부추전 부추짜박이
당근	2개(400g)	3,500원	당근라페
볶음조림용 멸치	150g	6,990원	멸치고추장볶음
브로콜리	1개	3,790원	브로콜리무침
		총 29,670원	

그 외 재료 : 양파, 고추, 대파, 당근, 부침가루

오징어볶음

주재료
손질 오징어 2마리(400g), 양파 ½개, 대파 1대

양념
고추장 ⅓숟가락, 진간장 2숟가락, 고춧가루 3숟가락, 설탕 1.5숟가락, 다진 마늘 1숟가락, 맛술 1숟가락, 후춧가루 넉넉히, 참기름 1숟가락, 통깨 조금, 식용유 2숟가락

보관
냉장 보관 3일 이내

1 볼에 고추장 ⅓숟가락, 진간장 2숟가락, 고춧가루 3숟가락, 설탕 1.5숟가락, 다진 마늘 1숟가락, 맛술 1숟가락, 후춧가루를 넉넉히 섞어 양념장을 만든다.

2 오징어 2마리(400g)는 몸통은 벌집 모양으로 칼집을 낸 후 다리와 함께 먹기 좋은 크기로 자른다.
* 벌집 모양으로 칼집을 내면 몸통에 양념도 잘 배고 보기에도 좋다.

3 양파 ½개는 채썰기, 대파 1대는 세로로 절반을 갈라서 길쭉하게 썬다.

4 웍에 식용유 2숟가락을 두른 후 채 썬 양파, 대파를 중불에 볶다가 향이 나기 시작하면 오징어를 넣고 중강불에 짧게 볶는다.
* 오징어는 오래 볶을수록 질겨지니 센 불에 짧게 볶는다.

5 양념장을 모두 넣고 중강불에 빠르게 볶는다.

6 불을 끄고 참기름 1숟가락을 둘러서 살짝 섞고 통깨를 뿌린다.

오징어 부추전

○

주재료
손질 오징어 1마리(200g), 부추 100g, 청양고추 2개, 홍고추 1개(생략 가능), 부침가루 4숟가락, 물 80㎖

양념
식용유 넉넉히, 액젓(멸치) ⅓숟가락

보관
냉장 보관 3일 이내

1 오징어 1마리(200g)와 부추 100g은 2cm 길이로 썰고, 청양고추 2개와 홍고추 1개(생략 가능)는 굵게 다진다.

2 볼에 오징어, 부추, 다진 청양고추와 홍고추를 담고 부침가루 4숟가락과 물 80㎖를 넣는다.

3 액젓(멸치) ⅓숟가락을 넣어서 간을 하면 감칠맛이 좋아진다.
* 싱겁게 먹고 싶다면 액젓은 생략한다.

4 재료를 전부 섞어서 반죽을 만든다.
* 처음에는 조금 뻑뻑하더라도 수분이 나오면서 촉촉해진다.

5 팬에 식용유를 넉넉히 두르고 중불에 예열한 후 중약불에 반죽을 크게 한 숟가락씩 떠서 올린다.

6 한쪽 면이 충분히 노릇해지면 뒤집어서 마저 굽는다. 오징어부추전 6~7장 분량이다.

부추짜박이

○

주재료
부추 100g, 양파 ¼개, 청양고추 2개, 홍고추 1개, 당근 조금
* 홍고추와 당근은 생략해도 된다.

양념
진간장 3숟가락, 액젓(멸치) 2숟가락, 설탕 1숟가락, 올리고당 1숟가락, 다진 마늘 ½숟가락, 고춧가루 2숟가락, 통깨 넉넉히

보관
냉장 보관 7일 이내

1 부추 100g은 1cm 길이로 썰고, 양파 ¼개, 청양고추 2개, 홍고추 1개, 당근은 굵게 다진다. 홍고추와 당근은 생략해도 되지만 넣으면 색감이 예쁘고 먹음직스럽다.

2 볼에 부추, 다진 양파, 청양고추, 홍고추, 당근을 모두 담고, 진간장 3숟가락, 액젓(멸치) 2숟가락, 설탕 1숟가락, 올리고당 1숟가락, 다진 마늘 ½숟가락, 고춧가루 2숟가락, 통깨를 넣는다.

3 재료와 양념을 골고루 섞는다.
* 처음에는 조금 뻑뻑하지만 시간이 지나면 채소에서 수분이 배어 나와 촉촉해진다.

4 밥과 함께 김에 싸서 먹거나 비빔밥, 국수, 칼국수 등의 양념장으로 넣어 먹으면 맛있다.

당근라페

주재료
당근 2개(400g)

양념
소금 ⅓숟가락, 올리브유 3숟가락,
홀그레인머스터드 1숟가락,
올리고당 1숟가락,
레몬즙(또는 식초) 1숟가락,
후춧가루(통후추) 조금

보관
냉장 보관 5일 이내

1 당근 2개는 깨끗이 씻은 후 얇게 채썰기를 한다.

2 채 썬 당근에 소금 ⅓숟가락을 넣고 뒤적여서 10분간 재운 후 물기를 꼭 짜낸다.

3 절인 당근에 올리브유 3숟가락, 홀그레인 머스터드 1숟가락, 올리고당 1숟가락, 레몬즙(또는 식초) 1숟가락, 통후추를 갈아 넣는다.

4 당근과 소스를 골고루 버무린다.
• 냉장고에 넣어두고 차갑게 먹으면 더욱 맛있다.
• 샌드위치 속에 넣어 먹거나 피클처럼 곁들인다.

멸치 고추장볶음

주재료
멸치 150g

양념
고추장 1.5숟가락, 진간장 1숟가락, 설탕 1숟가락, 고춧가루 1숟가락, 맛술 1숟가락, 올리고당 2숟가락, 통깨 넉넉히, 식용유 3숟가락

보관
냉장 보관 10일 이내

1 팬에 식용유를 두르지 않고 멸치 150g을 중약불에 볶아서 수분을 날린다. 눅눅한 멸치가 바삭할 때까지 볶아야 비린내가 제거된다.

2 볶은 멸치는 체에 받쳐 가루를 털어내고 그릇에 펼쳐서 식힌다.

3 볼에 고추장 1.5숟가락, 진간장 1숟가락, 설탕 1숟가락, 고춧가루 1숟가락, 맛술 1숟가락을 섞어 양념장을 만든다.

4 깨끗한 팬에 식용유 3숟가락을 두르고 중불로 예열한 후 멸치를 볶는다.

5 약불로 줄여서 양념장을 전부 넣고 짧게 섞은 다음 불을 끈다.

6 마지막으로 올리고당 2숟가락, 통깨를 넣고 한 번 더 섞는다.
* 용기에 담아 완전히 식힌 후에 냉장 보관한다.

브로콜리 무침

주재료
브로콜리 1개

양념
식초 2숟가락, 소금 ⅓숟가락,
마요네즈 3숟가락, 올리고당 1숟가락,
후춧가루 조금, 통깨 1.5숟가락

보관
냉장 보관 2일 이내
채소를 오래 두면 수분이 배어 나와 맛이 떨어지니 바로 먹는 것이 좋다.

1 브로콜리 1개를 먹기 좋은 크기로 자른다. 줄기도 껍질을 벗겨내고 얇게 썰면 식감이 좋다.

2 찬물에 식초 2숟가락을 풀고 브로콜리를 10분간 담두었다가 헹군다.
* 브로콜리는 찬물에 담가두어야 송이 속에 있는 이물질이 빠져나온다.

3 냄비에 물을 붓고 끓으면 소금 ⅓숟가락을 넣는다.

4 썰어둔 브로콜리를 끓는 물에 넣고 1분 30초간 데친 후 찬물에 한 번 헹구고 물기를 완전히 뺀다.

5 볼에 물기 뺀 브로콜리를 담고 마요네즈 3숟가락, 올리고당 1숟가락, 후춧가루를 넣는다.

6 통깨 1.5숟가락을 빻아 넣고 골고루 섞는다.
* 통깨는 절구에 갈아도 되고, 지퍼백에 넣어 숟가락이나 컵 등으로 두드리면 편리하게 빻을 수 있다.

3만원 2주 차 반찬 리스트

수제 돈가스   감자고추장조림   공심채볶음

두부톳무침   쥐포고추장볶음

장바구니 리스트

품 목	구입량	가 격	사용된 레시피
돼지고기 등심 (돈가스용)	500g	10,900원	수제 돈가스
감자	3개(400g)	2,000원	감자고추장조림
공심채	150g	4,990원	공심채볶음
두부	1모(300g)	2,200원	두부톳무침
염장 톳	1팩(180g)	2,510원	두부톳무침
쥐포	200g	8,900원	쥐포고추장볶음
		총 31,500원	

그 외 재료 : 양파, 마늘, 고추, 달걀, 밀가루, 습식 빵가루

수제 돈가스

주재료
돼지고기 등심(돈가스용) 500g(약 6장),
달걀 3개, 밀가루 적당히, 습식 빵가루 적당히

양념
소금 조금, 후춧가루 조금, 식용유 넉넉히,
돈가스 소스

보관
냉동 보관 2주 이내

1 돼지고기 등심(돈가스용) 500g은 고기망치나 칼등으로 두드려서 넓게 편 후 소금, 후춧가루를 조금씩 뿌려 밑간을 한다.

2 그릇에 달걀 3개를 풀고, 밀가루와 습식 빵가루도 넓적한 용기에 적당히 덜어둔다.
* 습식 빵가루를 입히면 겉은 바삭하고 속은 촉촉하게 튀겨진다.

3 밑간한 돼지고기를 밀가루→달걀→빵가루 순서로 반죽을 입힌다.

4 밀가루는 골고루 묻혀 한 번 털어내고, 빵가루는 손으로 힘주어 꾹 눌러서 묻힌다.

5 바로 먹을 것이 아니라면 용기에 넣어 냉동 보관한다.

6 팬에 식용유를 넉넉히 두르고 중불로 예열한 후 중약불에 반죽을 입힌 돼지고기를 넣고 약 4분간 노릇하게 튀긴다.

돈가스 소스

재료 밀가루 20g, 버터 20g, 진간장 2숟가락, 설탕 2숟가락, 식초 1숟가락, 케첩 1숟가락, 물 200㎖, 후춧가루 조금

1 팬에 버터 20g, 밀가루 20g을 올려 약불에 녹인다.
* 버터보다 밀가루 양이 많으면 덩어리가 생기므로 버터와 밀가루는 1:1 비율로 맞춘다.

2 연한 갈색이 될 때까지 타지 않게 섞는다.

3 불을 끄고 진간장 2숟가락, 설탕 2숟가락, 식초 1숟가락, 케첩 1숟가락, 물 200㎖를 넣는다.

4 다시 불을 켜고 중약불로 원하는 농도가 될 때까지 섞는다.
* 식으면 되직해지므로 원하는 것보다 조금 묽을 때 불을 끈다.

5 후춧가루를 뿌려 완성한다.

감자고추장 조림

○

주재료
감자 3개(400g), 양파 ¼개

양념
설탕 1숟가락, 고추장 1숟가락,
진간장 2숟가락, 맛술 1숟가락,
고춧가루 1숟가락, 후춧가루 조금,
물 100㎖, 식용유 1숟가락, 통깨 조금

보관
냉장 보관 3일 이내

1 감자 3개(400g)는 1.5cm 두께로 납작하게 썰고, 양파 ¼개는 채썰기를 한다.

2 볼에 설탕 1숟가락, 고추장 1숟가락, 진간장 2숟가락, 맛술 1숟가락, 고춧가루 1숟가락, 후춧가루 조금, 물 100㎖를 섞어서 양념장을 만든다.

3 웍에 식용유 1숟가락을 두르고 납작하게 썬 감자를 볶는다.

4 양념장을 감자에 붓고 중불에 3분, 중약불에 7분간 감자를 익힌다.

5 감자가 익으면 채 썬 양파를 넣어 한 번 더 볶는다.

6 통깨를 골고루 뿌린다.

공심채볶음

주재료
공심채 150g, 마늘 5개, 청양고추 1개, 홍고추 조금(생략 가능)

양념
진간장 ½숟가락, 액젓(멸치) 1숟가락, 설탕 ½숟가락, 식용유 2숟가락

보관
채소는 시간이 지나면 물기가 생겨서 맛이 떨어지니, 볶아서 바로 먹어야 맛있다.

1 공심채 150g은 깨끗이 씻어서 줄기와 잎을 나눈 후 먹기 좋은 길이로 썬다.

2 마늘 5개는 편 썰고, 청양고추 1개와 홍고추는 굵게 다진다. 볼에 진간장 ½숟가락, 액젓(멸치) 1숟가락, 설탕 ½숟가락을 섞어 양념장을 만든다.

3 팬에 식용유 2숟가락을 두르고 중약불에 편 썬 마늘, 다진 청양고추와 홍고추를 향을 내며 볶는다.

4 중불로 올려서 공심채 줄기를 먼저 넣고 살짝 볶은 후 나머지 잎을 넣고 뒤적인다.

5 살짝 숨이 죽으면 양념장을 붓고 빠르게 섞는다.
* 잔열로도 숨이 죽기 때문에 짧게 볶아낸다.

두부톳무침

주재료
두부 1모(300g), 염장 톳 1팩(180g)

양념
국간장 ½숟가락, 참기름 1숟가락,
다진 마늘 ⅓숟가락, 소금 2~3꼬집,
통깨 조금

보관
냉장 보관 3일 이내

1 두부 1모(300g)는 면보에 싸서 물기를 꼭 짜내고, 염장 톳 1팩(180g)은 여러 번 씻어 소금을 제거한 후 찬물에 30분간 담가 소금기를 빼낸다.

2 끓는 물에 톳을 넣고 1분간 데친 후 찬물에 담가 헹군다.

3 볼에 물기 뺀 톳을 잘라 넣는다.

4 물기를 짜낸 두부와 국간장 ½숟가락, 참기름 1숟가락, 다진 마늘 ⅓숟가락, 소금 2~3꼬집, 통깨를 넣고 골고루 섞는다.

쥐포고추장 볶음

○

주재료
쥐포 200g

양념
식용유 2숟가락, 설탕 1숟가락,
맛술 1.5숟가락, 진간장 ⅔숟가락,
고춧가루 ½숟가락, 고추장 ½숟가락,
다진 마늘 ½숟가락, 물엿 1숟가락,
통깨 조금

보관
냉장 보관 7일 이내

1 쥐포 200g을 먹기 좋은 크기로 자른다.

2 팬에 식용유 2숟가락을 두르고 중약불에 쥐포를 볶는다.

3 불을 끈 상태에서 팬 한쪽에 설탕 1숟가락, 맛술 1.5숟가락, 진간장 ⅔숟가락, 고춧가루 ½숟가락, 고추장 ½숟가락, 다진 마늘 ½숟가락을 넣는다. 다시 불을 켜고 중약불에 양념장과 쥐포를 골고루 섞는다.

4 간을 보고 취향에 따라 물엿 1숟가락을 넣어 단맛을 추가하고 통깨를 뿌린다.
* 한 김 식힌 후 냉장 보관한다.

3만원 3주 차 반찬 리스트

꼬막무침 　 메추리알고추장조림 　 단무지무침

취나물무침 　 매콤어묵볶음 　 돼지고기가지볶음

장바구니 리스트

품 목	구입량	가 격	사용된 레시피
꼬막	500g	6,290원	꼬막무침
깐 메추리알	450g	5,990원	메추리알고추장조림
꼬들단무지	1팩(220g)	2,660원	단무지무침
취나물	150g	3,990원	취나물무침
사각어묵	1봉지(240g)	1,745원	매콤어묵볶음
돼지고기 다짐육	300g	3,990원	돼지고기가지볶음
가지	2개	2,990원	돼지고기가지볶음
		총 27,655원	

그 외 재료 : 대파, 양파, 고추

꼬막무침

주재료
꼬막 500g, 대파 ¼대, 청양고추 1~2개, 홍고추 1개(생략 가능)

양념
소금 ½숟가락, 설탕 ½숟가락, 고춧가루 1숟가락, 진간장 2숟가락, 다진 마늘 ⅓숟가락, 물 2숟가락, 통깨 조금

보관
냉장 보관 2일 이내

1 꼬막 500g은 찬물에 바락바락 문질러 씻은 후 소금물에 담가 1시간 이상 해감한다.

2 대파 ¼대, 청양고추 1~2개는 굵게 다진다. 홍고추 1개를 다져 넣으면 색이 예쁘고 먹음직스러워 보인다.(생략 가능)

3 볼에 다진 대파와 고추, 설탕 ½숟가락, 고춧가루 1숟가락, 진간장 2숟가락, 다진 마늘 ⅓숟가락, 물 2숟가락, 통깨를 섞어서 양념장을 만든다.

4 끓는 물에 소금 ½숟가락을 넣고 꼬막을 넣어 한 방향으로 저어가며 삶는다. 꼬막 3~4개가 입을 벌리기 시작하면 불을 끈다.

5 꼬막은 헹구지 않고 한쪽 껍데기만 떼어낸다. 뻘이 있는 꼬막은 삶은 물에 넣고 흔들어 헹군다.
* 삶은 꼬막을 물에 헹구면 향이 빠져나가므로 한 김 식혀 헹구지 않고 바로 사용하는 것이 좋다.

6 꼬막 위에 양념장을 조금씩 얹는다. 냉장 보관하려면 보관 용기에 깐 꼬막을 놓고 양념장을 조금씩 올리며 겹겹이 쌓는다.

메추리알 고추장 조림

○

주재료
깐 메추리알 450g, 대파 1토막

양념
식용유 2숟가락, 물 100㎖, 고추장 1숟가락,
고춧가루 1숟가락, 설탕 1숟가락,
진간장 2숟가락, 올리고당 1숟가락,
통깨 조금

보관
냉장 보관 3일 이내

1 깐 메추리알 450g은 물에 한 번 헹군 후 물기를 제거하고, 대파 1토막은 송송 썬다.

2 웍에 식용유 2숟가락을 둘러서 예열한 후 중약불에 메추리알을 노릇하게 굽는다.

3 물 100㎖, 고추장 1숟가락, 고춧가루 1숟가락, 설탕 1숟가락, 진간장 2숟가락을 넣어 양념이 배도록 중약불에 조린다.

4 올리고당 1숟가락을 넣어 윤기를 더한다.

5 송송 썬 대파와 통깨를 뿌린다.

단무지무침

○

주재료
꼬들단무지 1팩(220g), 대파 1토막

양념
설탕 1숟가락, 고춧가루 1숟가락,
식초 1.5숟가락, 참기름 1숟가락,
다진 마늘 ½숟가락, 통깨 조금

보관
냉장 보관 5일 이내

1 꼬들단무지 1팩(220g)은 물기를 짜내고, 대파 1토막은 굵게 다진다.

2 볼에 꼬들단무지와 다진 대파를 담고 설탕 1숟가락, 고춧가루 1숟가락, 식초 1.5숟가락, 참기름 1숟가락, 다진 마늘 ½숟가락, 통깨를 넣는다.

3 양념을 골고루 무친 후 입맛에 따라 설탕과 식초를 더한다.

취나물무침

주재료
취나물 150g

양념
소금 ½숟가락, 국간장 1숟가락,
참치액 ½숟가락, 다진 마늘 ½숟가락,
참기름 1.5숟가락, 통깨 조금

보관
냉장 보관 3일 이내

1 취나물 150g은 굵은 줄기와 시든 잎은 떼어내고 물에 깨끗이 씻는다.

2 끓는 물에 소금 ½숟가락을 넣고 취나물을 1~2분간 데친다.

3 데친 취나물은 찬물에 담가 열기를 뺀 후 물기를 꼭 짜낸다.

4 뭉쳐 있는 취나물을 살살 풀어준다.

5 취나물에 국간장 1숟가락, 참치액 ½숟가락, 다진 마늘 ½숟가락, 참기름 1.5숟가락, 통깨를 넣어 골고루 무친다.

6 모자란 간은 소금을 더해서 맞춘다.
* 시간이 지나면 나물에서 수분이 배어 나와 싱거워지니 조금 짭짤하게 간을 한다.

매콤어묵볶음

주재료
사각어묵 1봉지(240g), 양파 ½개, 대파 ¼대

양념
식용유 3숟가락, 물 100㎖, 진간장 2숟가락, 맛술 1숟가락, 고춧가루 1.5숟가락, 설탕 ½숟가락, 다진 마늘 ½숟가락, 올리고당 1숟가락, 통깨 조금

보관
냉장 보관 5일 이내

1 사각어묵 1봉지(240g)는 먹기 좋은 크기로 조금 길쭉하게 썬다.

2 양파 ½개는 채썰기, 대파 ¼대는 어슷썰기를 한다.

3 팬에 식용유 3순가락을 두르고 예열한 후 중불에 어묵을 먼저 볶는다.

4 어묵이 조금씩 노릇하게 볶아지면 물 100㎖를 붓는다.

• 물을 넣으면 어묵이 부드러워져서 먹기 좋다.

5 어묵에 진간장 2순가락, 맛술 1순가락, 고춧가루 1.5순가락, 설탕 ½순가락, 다진 마늘 ½순가락을 넣어서 중불에 양념을 섞으면서 볶는다.

6 어묵에 양념이 골고루 배면 채 썬 양파, 어슷 썬 대파를 넣고 한 번 더 볶는다.

7 올리고당 1순가락을 넣어서 단맛을 추가하고 통깨를 뿌린다.

돼지고기가지볶음

주재료
돼지고기 다짐육 300g, 가지 2개, 대파 ¼대

양념
식용유 2숟가락, 소금 조금, 후춧가루 조금,
설탕 1숟가락, 진간장 1.5숟가락,
굴소스 1숟가락, 참기름 조금, 통깨 조금

보관
냉장 보관 3일 이내

1 돼지고기 다짐육 300g은 키친타월에 올리고 눌러서 핏물을 닦아낸다.

2 가지 2개는 작게 깍둑썰기, 대파 ¼대는 송송 썬다.

3 웍에 식용유 2숟가락을 두르고 중약불에 대파를 향을 내면서 볶는다.

4 돼지고기 다짐육을 넣고 소금과 후춧가루를 조금 뿌려서 중불에 고기를 쪼개가며 볶는다.

5 돼지고기가 전부 익으면 깍둑 썬 가지를 넣고 함께 볶는다.

6 가지의 숨이 죽으면 설탕 1숟가락, 진간장 1.5숟가락, 굴소스 1숟가락을 넣어 골고루 볶는다.

7 불을 끈 후 참기름을 살짝 두르고 통깨를 뿌린다.

3만원 4주 차 반찬 리스트

돼지고기간장볶음 두부강된장 애호박버섯볶음

우엉조림 감자샐러드 콩자반

장바구니 리스트

품 목	구입량	가 격	사용된 레시피
돼지고기 앞다리살 (불고기용)	500g	10,290원	돼지고기간장볶음
두부	1모(300g)	2,200원	두부강된장
애호박	1개	2,990원	두부강된장 애호박버섯볶음
느타리버섯	80g	990원	두부강된장 애호박버섯볶음
우엉	400g	3,990원	우엉조림
감자	500g	2,500원	두부강된장 감자샐러드
서리태(검정콩)	500g	7,990원	콩자반
		총 30,950원	

그 외 재료 : 양파, 대파, 고추, 당근
* 서리태는 500g 구입해서 250g 사용했습니다.

돼지고기 간장볶음

○

주재료
돼지고기 앞다리살(불고기용) 500g,
양파 ½개, 대파 ¼대

양념
설탕 1숟가락, 맛술 2숟가락,
진간장 3숟가락, 다진 마늘 1숟가락,
참기름 1숟가락, 후춧가루 조금,
식용유 1숟가락

보관
냉장 보관 3일 이내

1 양파 ½개는 얇게 채썰기를 하고, 대파 ¼대는 굵게 다진다.

2 볼에 돼지고기 앞다리살(불고기용) 500g을 먹기 좋은 크기로 잘라 담고 다진 대파, 설탕 1숟가락, 맛술 2숟가락, 진간장 3숟가락, 다진 마늘 1숟가락, 참기름 1숟가락, 후춧가루를 넣고 골고루 버무려서 30분간 재어둔다.

3 팬에 식용유 1숟가락을 두르고 예열한 후 중불에 재어둔 돼지고기를 볶는다. 고기가 익으면서 배어 나온 수분이 사라질 정도로 계속 볶는다.
* 고기가 노릇해질 때까지 볶아야 풍미가 좋다.

4 수분이 졸아들고 고기가 갈색빛을 띠기 시작하면 채 썬 양파를 넣고 숨만 죽을 정도로 살짝 볶는다.

두부강된장

주재료
애호박 ⅓개, 감자 1개(약 100g),
느타리버섯 80g, 양파 ¼개,
두부 1모(300g), 고추 1개, 대파 1토막

양념
식용유 1숟가락, 된장 수북이 1숟가락,
고추장 ⅓숟가락, 물 150㎖,
고춧가루 ½숟가락

보관
냉장 보관 3일 이내

1 애호박 ⅓개, 감자 1개(100g), 느타리버섯 80g, 양파 ¼개, 두부 1모는 작게 깍둑썰기를 하고, 고추 1개, 대파 1토막은 송송 썬다.

2 작은 냄비에 식용유 1숟가락을 두르고 중불에 된장 수북이 1숟가락, 고추장 ⅓숟가락을 볶는다.

3 깍둑 썬 애호박, 감자, 느타리버섯, 양파, 송송 썬 고추, 대파를 먼저 넣고 볶는다.

4 물 150㎖를 부어 중불에 끓인다.

5 채소에서 물이 배어 나오면서 절반 정도 익으면 깍둑 썬 두부와 고춧가루 ½숟가락을 넣고 중약불에 5분간 끓인다.

6 밥에 비벼 먹거나 호박잎, 양배추 등으로 쌈을 싸서 먹는다.

애호박 버섯볶음

주재료
애호박 ⅔개, 느타리버섯 120g, 양파 ¼개

양념
식용유 1숟가락, 다진 마늘 ½숟가락,
물 50㎖, 국간장 ½숟가락,
참치액 ½숟가락, 후춧가루 조금, 소금 조금

보관
냉장 보관 3일 이내

1 애호박 ⅔개는 반달썰기, 양파 ¼개는 얇게 채썰기를 하고, 느타리버섯 120g은 밑동을 잘라내고 결대로 찢는다.

2 팬에 식용유 1숟가락을 두르고 중약불에 다진 마늘 ½숟가락부터 볶는다.

3 반달썰기한 애호박과 채 썬 양파를 중불에 볶다가 양파가 투명하게 익기 시작하면 느타리버섯을 넣고 함께 볶는다.

4 물 50㎖, 국간장 ½숟가락, 참치액 ½숟가락, 후춧가루를 넣고 중불에 볶는다.
• 물을 조금 넣어서 볶으면 채소가 부드럽고 촉촉해진다.

5 물이 졸아들고 채소가 익으면 소금을 더해서 모자란 간을 맞춘다.

우엉조림

주재료
우엉 400g

양념
식초 1숟가락, 물 500㎖, 진간장 4숟가락, 설탕 2숟가락, 맛술 1숟가락, 식용유 1숟가락, 물엿 1숟가락, 참기름 조금, 통깨 조금

보관
냉장 보관 5일 이내

1 우엉 400g은 껍질을 벗기고 얇게 채썰기를 한다.
* 채 썬 우엉은 찬물에 담가두면 갈변을 막을 수 있다.

2 끓는 물에 식초 1숟가락을 넣고 채 썬 우엉을 3분간 데친다.

3 데친 우엉은 찬물에 헹군 후 물기를 뺀다.

4 물 500㎖, 진간장 4숟가락, 설탕 2숟가락, 맛술 1숟가락, 식용유 1숟가락을 넣고 중불에 5분, 뚜껑을 닫고 중약불에 15분간 끓인다.

5 물이 졸아들고 우엉에 양념이 골고루 입혀지면 물엿 1숟가락을 넣고 섞는다.

6 불을 끄고 참기름을 살짝 둘러서 섞은 다음 통깨를 뿌린다.

감자샐러드

○

주재료
감자 400g, 양파 조금, 당근 조금

양념
소금 ⅓숟가락, 마요네즈 2숟가락, 홀그레인머스터드 ⅓숟가락, 설탕 1숟가락, 소금 조금, 후춧가루 조금

보관
냉장 보관 2일 이내

1 감자 400g은 껍질을 벗기고 삶기 좋은 크기로 2~4등분한다. 양파와 당근은 잘게 다진다.

2 끓는 물에 소금 ⅓숟가락을 넣고 중불에 감자를 약 10분간 삶는다.
• 감자는 완전히 익혀야 부드럽게 잘 으깨진다.

3 볼에 삶은 감자를 담고 완전히 으깬다.

4 으깬 감자에 양파와 당근을 넣고 마요네즈 2숟가락, 홀그레인머스터드 ⅓숟가락, 설탕 1숟가락, 소금, 후춧가루를 넣고 섞는다.
• 취향에 따라 절인 오이, 삶은 달걀, 햄, 옥수수 등을 넣어도 좋다.

콩자반

주재료
서리태(검정콩) 250g

양념
물 800㎖, 진간장 4숟가락, 설탕 3숟가락,
맛술 1숟가락, 물엿 1숟가락,
참기름 1숟가락, 통깨 조금

보관
냉장 보관 7일 이내

1 서리태(검정콩) 250g은 여러 번 씻은 후 물 800㎖에 담가 5시간 이상 불린다.

2 웍에 서리태와 불린 물까지 전부 넣고 중불에 5분, 중약불에 10분간 끓인다. 끓으면서 떠오르는 거품은 걷어낸다.

3 콩이 익으면 진간장 4숟가락, 설탕 3숟가락, 맛술 1숟가락을 넣어서 골고루 섞고 중불에 국물이 거의 졸아들 때까지 끓인다.

4 물엿 1숟가락을 넣어 단맛과 윤기를 더한다.

5 불을 끈 후 참기름 1숟가락을 둘러서 섞고 통깨를 뿌린다.

4만원으로 미리 만들어두는 일주일 반찬

주말 메뉴, 손님 초대 메뉴로 손색없는 메인 요리와
조금 더 다양한 반찬으로 구성했어요.
돼지고기, 소고기 등 단백질을 채우고 든든하게 먹을 수 있는 식재료를 사용해요.
아이부터 어른까지 두루 좋아할 만한 반찬으로 온 가족이 함께 즐겨보세요!

4만원 한달 식단표

		40,770원
1주차	아롱사태장조림 / 아롱사태전골 / 알배추된장무침 / 순두부달걀찜 / 콩나물무침 / 새송이버섯전	

		39,980원
2주차	무수분수육 / 무생채 / 꽁치무조림 / 오이지무침 / 궁채들깨볶음 / 오징어실채간장볶음	

4만원 1주 차 반찬 리스트

아롱사태장조림 · 아롱사태전골 · 알배추된장무침

순두부달걀찜 · 콩나물무침 · 새송이버섯전

장바구니 리스트

품 목	구입량	가 격	사용된 레시피
아롱사태	1.3kg	30,000원	아롱사태장조림 아롱사태전골
알배추	1개	3,990원	아롱사태전골 알배추된장무침
순두부	1봉지	2,000원	순두부달걀찜
달걀	3개	900원	순두부달걀찜
콩나물	300g	1,490원	콩나물무침
새송이버섯	3개	2,390원	아롱사태전골 새송이버섯전
		총 40,770원	

그 외 재료 : 양파, 대파, 고추, 당근, 부침가루, 달걀

아롱사태장조림

삶는 재료
아롱사태 1.3kg(약 3덩이), 물 1.5ℓ, 소금 1숟가락, 양파 1개, 대파 1대

추가 재료
고추 3개

* 달걀, 메추리알, 곤약 등 추가 재료는 자유롭게 준비한다.

양념
물 500㎖, 진간장 60㎖, 맛술 40㎖, 설탕 3숟가락, 후춧가루 조금, 통깨 조금

보관
냉장 보관 7일 이내

1 아롱사태 1.3kg(약 3덩이)은 물로 한 번 씻어내고, 양파 1개, 대파 1대는 큼직하게 썬다.

2 아롱사태를 끓는 물에 10분간 데친 후 찬물에 헹군다.

3 웍에 물 1.5ℓ를 부어서 끓으면 소금 1숟가락, 자른 양파, 대파, 아롱사태를 넣고 중불에 20분, 중약불에 20분 삶은 후 불을 끄고 15분간 뜸을 들인다.

* 800g은 장조림에 사용하고, 500g은 랩을 씌워 냉장 보관해두었다가 전골에 사용한다.
* 육수도 체에 걸러 냉장 보관해두었다가 전골에 사용한다.

4 삶은 고기는 먹기 좋은 크기로 자른다.

5 고추 3개도 듬성듬성 썬다. 달걀, 메추리알, 곤약 등 원하는 재료를 추가로 준비한다.

6 냄비에 물 500㎖를 붓고 진간장 60㎖, 맛술 40㎖, 설탕 3숟가락을 섞은 후 삶은 고기를 넣고 중불에 10분간 끓인다.

7 썰어둔 고추와 추가 재료를 넣고 중약불에 10분간 더 끓인 후 불을 끄고 후춧가루, 통깨를 뿌린다.

아롱사태 전골

○

주재료
삶은 아롱사태 500g, 알배추 ½개,
새송이버섯 1개, 양파 ½개, 대파 ¼대

양념
아롱사태 삶은 육수 400㎖, 물 400㎖,
국간장 ½숟가락, 소금 조금, 후춧가루 조금

보관
먹을 만큼 만들어 곧바로 다 먹는 것이 좋다.

1 삶은 아롱사태 500g은 최대한 얇게 편으로 썬다. 아롱사태는 지방이 없는 부위이기 때문에 얇게 썰어야 부드럽게 먹기 좋다.

2 알배추 ½개는 먹기 좋은 크기로 썰고, 새송이버섯 1개는 길게 절반을 갈라 넓적하게 썬다. 양파 ½개는 채썰기, 대파 ¼대는 어슷썰기를 한다.

3 전골냄비 바닥에 채 썬 양파를 먼저 깔고 알배추와 새송이버섯을 차례로 올린 후 맨 위에 얇게 썬 고기를 올린다.

4 고기 육수 400㎖, 물 400㎖를 붓고 국간장 ½숟가락을 넣어 간을 한다. 모자란 간은 소금을 더해 맞춘다.
* 육수가 없다면 물로 대체한다.

5 어슷 썬 대파와 후춧가루를 뿌리고 중불에 끓여 채소가 익으면 먹는다.

알배추 된장무침

○

주재료
알배추 ½개(약 350g), 대파 1토막

양념
소금 ½숟가락, 된장 ½숟가락,
올리고당 ½숟가락, 다진 마늘 1숟가락,
참기름 조금, 통깨 조금

보관
냉장 보관 3일 이내

1 알배추 ½개는 밑동을 잘라낸 후 물에 씻고, 대파 1토막은 굵게 다진다.

2 끓는 물에 소금 ½숟가락을 넣고 알배추를 3분간 데친다.
* 알배추를 너무 오래 데치면 아삭한 식감이 사라지니 주의한다.

3 데친 알배추를 찬물에 헹궈 열기를 빼고 물기를 꼭 짜낸 후 먹기 좋은 크기로 자르거나 세로로 찢는다.

4 볼에 삶은 알배추를 담고 된장 ½숟가락, 올리고당 ½숟가락, 다진 마늘 1숟가락을 넣어 버무린다. 간을 보고 된장 등을 추가한 후 참기름을 둘러서 살짝 버무리고 통깨를 뿌린다.

일주일 식비 절약 반찬 만들기 ○ **143**

순두부 달걀찜

○

주재료
달걀 3개, 순두부 1봉지, 대파 조금, 당근 조금

양념
소금 ⅙숟가락, 맛술 ½숟가락, 물 80㎖, 참기름 조금

보관
냉장 보관 2일 이내

1 순두부 1봉지는 부서지지 않게 동그랗게 썰고, 대파와 당근은 잘게 다진다.

2 전자레인지 용기에 달걀 3개, 다진 대파와 당근을 넣고 풀어준 다음, 물 80㎖, 소금 ⅙숟가락, 맛술 ½숟가락, 참기름을 넣고 섞어서 간을 한다.
• 소금 대신 새우젓을 넣으면 감칠맛이 좋다.

3 달걀물에 자른 순두부를 부스러지지 않게 넣는다.

4 랩을 씌우고 전자레인지에 4분 익힌 후 추가로 4~5분 더 익힌다.
• 전자레인지와 용기에 따라 익는 시간이 다르므로 처음에 4분간 익힌 다음 조금씩 추가로 익힌다.

5 젓가락으로 가운데를 찔러 달걀물이 묻어나오지 않으면 완전히 익은 것이다.

콩나물무침

○

주재료
콩나물 300g, 대파 1토막

양념
참치액 ½숟가락, 다진 마늘 ½숟가락, 참기름 조금, 소금 조금, 통깨 조금

보관
냉장 보관 4일 이내

1 콩나물 300g은 물로 씻은 후 끓는 물에 소금 ½숟가락을 넣고 3~4분간 데친다.
* 데치는 동안 뚜껑을 열었다 닫았다 하면 비린내가 나기 쉽다. 열거나 닫은 상태를 계속 유지한다.

2 대파 1토막은 얇게 송송 썬다.

3 데친 콩나물은 찬물에 헹궈 식히고 물기를 뺀다.

4 볼에 데친 콩나물을 담고 참치액 ½숟가락, 다진 마늘 ½숟가락, 참기름, 통깨를 넣어 버무린다. 모자란 간은 소금을 더해서 맞춘다.

새송이버섯전

주재료
새송이버섯 2개, 대파 1토막, 홍고추 ½개(생략 가능), 부침가루 2숟가락, 달걀 2개

양념
식용유 조금, 소금 2꼬집

보관
냉장 보관 3일 이내
전은 시간이 지나면 눅눅해지니 먹을 만큼 만들어 곧바로 다 먹는 것이 좋다.

1 새송이버섯 2개는 세로로 얇게 썰고, 대파 1토막, 홍고추 ½개(생략 가능)는 굵게 다진다.

2 위생봉지에 얇게 썬 새송이버섯과 부침가루 2숟가락을 넣고 흔들어서 버섯에 밀가루를 입힌다.

3 그릇에 달걀 2개, 다진 대파와 홍고추, 소금 2꼬집을 넣고 풀어서 달걀물을 만든다.

4 팬에 식용유를 조금 두르고 중불로 예열한 후 중약불로 줄여서 달걀물을 입힌 버섯을 굽는다.

5 뒤집어서 양쪽 면을 모두 노릇하게 굽는다.

4만원 2주 차 반찬 리스트

무수분수육

무생채

꽁치무조림

오이지무침

궁채들깨볶음

오징어실채간장볶음

장바구니 리스트

품 목	구입량	가 격	사용된 레시피
통삼겹살	600g	14,340원	무수분수육
무	1개(700g)	2,890원	무생채 꽁치무조림
꽁치통조림	1캔(300g)	4,480원	꽁치무조림
오이지	3개	3,880원	오이지무침
말린 궁채	80g	5,490원	궁채들깨볶음
오징어실채	150g	8,900원	오징어실채간장볶음
		총 39,980원	

그 외 재료 : 양파, 대파, 고추

무수분수육

○

주재료
통삼겹살 600g, 양파 1개, 대파 1대

양념
된장 1숟가락, 맛술 3숟가락

보관
먹을 만큼 만들어 곧바로 다 먹는 것이 좋다.

1 양파 1개는 굵게 채썰기, 대파 1대는 큼직하게 썬다.

2 바닥이 두꺼운 냄비에 채 썬 양파를 깔고 통삼겹살 600g을 올린다.

3 된장 1숟가락, 맛술 3숟가락을 섞어서 삼겹살 위에 펴서 올린다.

4 큼직하게 썬 대파를 맨 위에 올리고 뚜껑을 덮는다.

5 약불에 약 40분간 삶는데, 중간에 고기를 한 번 뒤집어준다. 불을 끄고 10분간 뜸을 들이면 고기가 더욱 부드러워진다.

무생채

주재료
무 400g, 대파 ⅕대

양념
소금 1숟가락, 다진 마늘 ½숟가락, 설탕 1숟가락, 고춧가루 2숟가락, 액젓(멸치) 1숟가락, 식초 1.5숟가락, 참기름 1숟가락, 통깨 조금

보관
냉장 보관 5일 이내

1 무 400g은 얇게 채썰기를 한다.

2 대파 ⅕대는 굵게 다진다.
• 무생채를 만들 때는 무의 초록 부분을 사용하면 좋다.

3 볼에 무채를 담고 소금 1숟가락을 버무려서 10분간 재어둔다.

4 절인 무채는 물기를 꼭 짜내고, 다진 대파, 다진 마늘 ½숟가락, 설탕 1숟가락, 고춧가루 2숟가락, 액젓(멸치) 1숟가락, 식초 1.5숟가락을 넣고 버무린다. 취향에 따라 설탕과 식초는 가감한다.

5 참기름 1숟가락을 넣어 살짝 버무리고 통깨를 뿌린다.

꽁치무조림

○

주재료
꽁치통조림 1캔(300g), 무 300g,
양파 ¼개, 대파 ⅓대, 고추 1개

양념
물 300㎖, 진간장 2숟가락, 맛술 1숟가락,
고춧가루 2숟가락, 설탕 ½숟가락,
다진 마늘 ½숟가락

보관
냉장 보관 3일 이내

1 무는 1.5cm 두께로 동그랗게 썬다. 양파 ¼개는 굵직굵직하게 채썰기, 대파 ⅓대와 고추 1개는 어슷썰기를 한다.

2 냄비에 무를 먼저 깔고 물 300㎖, 진간장 1숟가락을 넣어 중불에 약 5분간 끓인다. 무가 절반 이상 익을 때까지 끓인다.

3 무가 거의 익으면 꽁치통조림의 국물은 버리고 꽁치만 올린다.

4 진간장 1숟가락, 맛술 1숟가락, 고춧가루 2숟가락, 설탕 ½숟가락, 다진 마늘 ½숟가락을 섞어서 올리고 채 썬 양파, 어슷 썬 대파와 고추도 올린다.

5 뚜껑을 닫고 중약불에 한 번씩 국물을 끼얹으면서 약 5분간 조린다.

오이지무침

○

주재료
오이지 3개, 대파 1토막

양념
설탕 1숟가락, 고춧가루 1숟가락,
진간장 ½숟가락, 다진 마늘 ⅓숟가락,
참기름 1숟가락, 통깨 조금

보관
냉장 보관 10일 이내

1 오이지 3개는 얇게 편 썰고 찬물에 10분간 담가 짠맛을 적당히 뺀다.
* 오이지마다 염도가 다르기 때문에 먹어보면서 많이 짜지 않을 때까지 물에 담가둔다.

2 대파 1토막은 굵게 다진다.

3 오이지를 면보에 싸거나 맨손으로 물기를 꼭 짜내고 볼에 담는다.

4 설탕 1숟가락, 고춧가루 1숟가락, 진간장 ½숟가락, 다진 마늘 ⅓숟가락, 참기름 1숟가락, 통깨를 넣고 버무린다.

궁채 들깨볶음

주재료
말린 궁채 80g

양념
다진 마늘 ½숟가락, 진간장 1숟가락,
참치액 ½숟가락, 맛술 1숟가락,
들깻가루 3숟가락, 소금 조금,
들기름(또는 참기름) 조금

보관
냉장 보관 3일 이내

1 말린 궁채 80g은 찬물에 여러 번 헹구고 물에 2시간 이상 담가서 불린다.

2 불린 궁채는 물기를 짜내고 5cm 길이로 자른다. 딱딱한 부분은 잘라낸다.

3 불린 궁채에 다진 마늘 ½숟가락, 진간장 1숟가락, 참치액 ½숟가락, 맛술 1숟가락을 넣고 무쳐 밑간을 한다.

4 웍에 밑간한 궁채나물을 중불에 수분을 날리면서 볶는다.

5 들깻가루 3숟가락을 넣고 중약불에 섞는다. 물을 조금씩 넣으면서 촉촉하게 볶고 모자란 간은 소금으로 맞춘다.

6 불을 끄고 들기름(또는 참기름)을 둘러서 살짝 섞는다.

오징어실채 간장볶음

○

주재료
오징어실채 150g

양념
식용유 3숟가락, 맛술 1.5숟가락,
진간장 1.5숟가락, 설탕 1숟가락,
다진 마늘 ½숟가락, 올리고당 2숟가락,
통깨 넉넉히

보관
냉장 보관 10일 이내

1 오징어실채 150g은 먹기 좋은 길이로 자르고 뭉치지 않게 풀어준다.

2 팬에 식용유 2숟가락을 두르고 중약불로 예열한 뒤, 자른 오징어실채를 뒤적이면서 짧게 볶는다.
* 너무 바짝 볶거나 타면 딱딱해지니 주의한다.

3 볶은 오징어실채는 그릇에 옮겨 잠시 식혀둔다.

4 불을 끄고 팬에 남아 있는 오징어실채 가루를 닦아낸 후 식용유 1숟가락, 맛술 1.5숟가락, 진간장 1.5숟가락, 설탕 1숟가락, 다진 마늘 ½숟가락을 넣고 약불에 가장자리만 끓인다.

5 가장자리에 기포가 생기면서 끓으면 볶아둔 오징어실채를 넣고 약불에 양념을 버무리면서 볶은 후 불을 끄고 골고루 뒤적인다.

6 올리고당 2숟가락, 통깨를 넉넉히 넣고 한 번 더 섞는다. 용기에 담아 식힌 후 냉장 보관한다.

4만원 3주 차 반찬 리스트

소고기고추다대기 · 깻잎순무침 · 대패삼겹살제육볶음

알배추겉절이 · 양배추피클 · 두부강정 · 동태전

장바구니 리스트

품 목	구입량	가 격	사용된 레시피
소고기 다짐육	200g	7,990원	소고기고추다대기
청양고추	100g	2,000원	소고기고추다대기
깻잎순	170g	3,370원	깻잎순무침
냉동 대패삼겹살	600g	12,900원	대패삼겹살제육볶음
알배추	1개	4,490원	알배추겉절이
양배추	¼개(약 300g)	2,190원	양배추피클
두부	1모(300g)	2,200원	두부강정
동태살	300g	5,800원	동태전
		총 40,940원	

그 외 재료 : 양파, 대파, 고추, 당근, 전분, 부침가루, 달걀, 피클링스파이스

소고기 고추다대기

○

주재료
소고기 다짐육 200g, 양파 ¼개,
고추 100g

양념
진간장 2숟가락, 맛술 1숟가락,
설탕 ½숟가락, 물 50㎖,
액젓(멸치) 1숟가락, 다진 마늘 ½숟가락,
참기름 조금, 통깨 조금

보관
냉장 보관 7일 이내

1 소고기 다짐육 200g에 진간장 1숟가락, 맛술 1숟가락, 설탕 ½숟가락을 넣고 버무려 재어둔다.

2 양파 ¼개, 고추 100g은 굵게 다진다.
* 홍고추를 넣으면 색감이 더욱 먹음직스럽다.

3 팬을 중불로 예열한 후 재어둔 소고기를 쪼개가면서 볶는다.

4 소고기가 거의 익으면 다진 양파와 고추를 넣고 함께 볶는다.

5 재료들이 어우러지면 물 50㎖, 진간장 1숟가락, 액젓(멸치) 1숟가락, 다진 마늘 ½숟가락을 넣고 볶는다.

6 국물이 살짝 남을 정도로 자작하게 볶다가 불을 끄고 참기름을 둘러서 한 번 더 섞고 통깨를 뿌린다.

깻잎순무침

주재료
깻잎순 170g

양념
소금 ½숟가락, 국간장 ½숟가락,
참치액 1숟가락, 다진 마늘 ½숟가락,
들기름 2숟가락, 물 50㎖, 통깨 조금

보관
냉장 보관 3일 이내

1 깻잎순 170g은 여러 번 헹구면서 시든 잎이나 이물질을 제거한다.

2 끓는 물에 소금 ½숟가락을 넣고 깻잎순을 2분간 데친다.

3 데친 깻잎순은 찬물에 헹궈서 식히고 물기를 꼭 짜낸다.

4 불을 켜지 않은 상태로 팬에 데친 깻잎순을 담고 뭉친 것을 풀어준 후, 국간장 ½숟가락, 참치액 1숟가락, 다진 마늘 ½숟가락, 들기름 2숟가락, 물 50㎖를 넣고 버무린다.

5 불을 켜고 중불에 수분이 살짝 남을 정도로 볶은 후 통깨를 뿌린다.

대패삼겹살제육볶음

주재료
대패삼겹살 600g, 양파 1개, 대파 1대

양념
설탕 2숟가락, 고춧가루 2숟가락,
고추장 2숟가락, 진간장 2숟가락,
다진 마늘 1숟가락, 후춧가루 조금,
참기름 조금

보관
냉장 보관 3일 이내

1 양파 1개는 채썰기를 하고, 대파 1대는 길쭉하게 썬다.

2 설탕 2숟가락, 고춧가루 2숟가락, 고추장 2숟가락, 진간장 2숟가락, 다진 마늘 1숟가락, 후춧가루를 섞어 양념장을 만든다.

3 웍을 중불로 예열한 후 대패삼겹살 600g을 볶는다. 삼겹살이 익으면서 배어 나온 물은 어느 정도 따라내고, 삼겹살에서 기름이 나오고 노릇해질 때까지 충분히 볶는다.

4 볶은 삼겹살에 양념장을 모두 넣고 볶는다.

5 채 썬 양파와 길쭉하게 썬 대파를 넣고 아삭한 식감을 살려 중불에 짧게 볶는다.

6 불을 끄고 참기름을 조금 둘러 살짝 섞는다.

알배추 겉절이

○

주재료
알배추 1개, 대파(또는 쪽파, 부추) ¼대,
당근 조금

양념
물 400㎖, 소금 3숟가락,
고춧가루 5숟가락, 액젓(멸치) 5숟가락,
설탕 2숟가락, 다진 마늘 1.5숟가락,
통깨 조금

보관
냉장 보관 5일 이내

1 알배추 1개는 밑동을 잘라내고 씻은 후 큼직하게 어슷썰기를 한다.

2 어슷 썬 알배추에 소금 3숟가락, 물 400㎖를 붓고 버무려 20분간 절인다. 한 번씩 뒤집어주며 아삭한 식감을 살려서 절인 후 찬물에 헹구고 물기를 뺀다.

3 대파 ¼대는 송송 썰고, 당근은 얇게 채썰기를 한다.
* 대파 대신 부추, 쪽파를 넣어도 좋다.

4 넓은 볼에 고춧가루 5숟가락, 액젓(멸치) 5숟가락, 설탕 2숟가락, 다진 마늘 1.5숟가락을 섞어 양념장을 만든다.

5 절인 알배추를 양념장에 골고루 버무린다.

6 송송 썬 대파와 채 썬 당근을 넣고 한 번 더 섞은 후 통깨를 뿌린다.

양배추피클

○

주재료
양배추 ¼개(약 300g), 당근 ¼개

양념
물 400㎖, 설탕 200㎖, 식초 200㎖, 피클링스파이스 1숟가락, 소금 2꼬집

보관
냉장 보관 2주 이내

1 양배추 ¼개는 먹기 좋은 크기로 썰고, 당근 ¼개는 반달썰기를 한다.
* 당근 대신 오이와 무를 넣어도 좋다.

2 냄비에 물 400㎖를 붓고 설탕 200㎖, 식초 200㎖, 피클링스파이스 1숟가락, 소금 2꼬집을 넣어 중불에 끓인다.

3 유리 용기에 양배추와 당근을 담는다.
* 오래 보관한다면 유리 용기를 열탕 소독하고 담는다.

4 끓인 소스를 바로 양배추와 당근에 붓는다.

5 상온에 반나절 두고 식힌 후 냉장고에 넣어 두고 하루 지나면 먹는다.

두부강정

주재료
두부 1모(300g), 대파 1토막, 전분 3숟가락

양념
소금 조금, 진간장 1.5숟가락,
맛술 ½숟가락, 굴소스 ½숟가락,
설탕 1숟가락, 식용유 넉넉히, 통깨 조금

보관
먹을 만큼 만들어서 바로 먹는 것이 좋다.

1 두부 1모(300g)는 물기를 닦아내고 한 입 크기로 깍둑썰기를 한 후 소금을 살짝 뿌린다. 대파 1토막은 굵게 다진다.

2 볼에 진간장 1.5숟가락, 맛술 ½숟가락, 굴소스 ½숟가락, 설탕 1숟가락을 섞어 양념장을 만든다.

3 위생봉지에 깍둑 썬 두부와 전분 3숟가락을 넣고 흔들어서 두부에 전분을 골고루 묻힌다.

4 팬에 식용유를 넉넉히 두르고 예열한 후 중약불에 두부를 튀기듯이 굽는다. 전분끼리 붙지 않도록 조금씩 띄어주며 모든 면을 골고루 굽는다.

5 두부의 겉면이 살짝 노릇해지면 불을 끄고 양념장을 부어서 빠르게 섞는다.

6 다진 대파와 통깨를 넣고 한 번 더 섞는다.

동태전

주재료
동태살 300g, 부침가루 넉넉히, 달걀 2개, 대파 1토막

양념
소금 4꼬집, 후춧가루 조금, 식용유 넉넉히

보관
냉장 보관 3일 이내
전은 시간이 지나면 눅눅해지니 먹을 만큼 만들어 곧바로 먹는 것이 좋다.

1 동태살 300g은 미리 해동하고 키친타월에 올려 물기를 닦은 후 넓게 펼쳐서 소금 2꼬집, 후춧가루를 뿌려 밑간을 한다.

2 그릇 하나에 부침가루를 펼치고, 다른 하나에는 달걀 2개를 풀어서 대파 1토막을 다져 넣고 소금 2꼬집을 뿌려서 골고루 섞는다.

3 팬에 식용유를 넉넉히 두르고 예열한 뒤 동태살을 부침가루와 달걀물 순서로 묻혀서 중약불에 앞뒤를 골고루 부친다.

4만원 4주 차 반찬 리스트

소고기육전 · 부추무침 · 닭볶음탕
감자간장조림 · 무말랭이무침 · 꽈리고추찜 · 새우브로콜리볶음

장바구니 리스트

품 목	구입량	가 격	사용된 레시피
육전용 소고기	200g	8,260원	소고기육전
부추	150g	2,180원	부추무침
볶음탕용 닭	1마리(800g)	8,091원	닭볶음탕
감자	1kg	5,390원	닭볶음탕 감자간장조림
무말랭이	200g	4,980원	무말랭이무침
꽈리고추	150g	2,980원	꽈리고추찜
냉동 새우	200g	4,900원	새우브로콜리볶음
브로콜리	1개	2,900원	새우브로콜리볶음
		총 39,681원	

그 외 재료 : 양파, 대파, 고추, 당근, 부침가루, 달걀
* 무말랭이는 200g 구입해서 100g 사용했습니다.

소고기육전

주재료
육전용 소고기 200g, 달걀 2개,
부침가루 조금

양념
참기름 조금, 소금 조금, 후춧가루 조금,
식용유 넉넉히

보관
냉장 보관 2일 이내
전은 식으면 맛이 떨어지니 먹을 만큼
만들어 곧바로 먹는 것이 좋다.

1 육전용 소고기 200g은 키친타월로 핏물을 닦아내고 펼쳐서 소금, 후춧가루를 조금씩 뿌려 밑간을 하고 참기름을 조금씩 발라둔다.

2 그릇 하나에 부침가루를 펼치고, 다른 하나에 달걀 2개를 푼다.

3 팬에 식용유를 넉넉히 두르고 중불로 예열한 후 중약불에 소고기를 부침가루와 달걀물 순서로 묻혀서 굽는다. 육전용 소고기는 오래 익히면 질겨질 수 있으니 빠르게 부친다.

4 홍고추와 쪽파를 올리면 더욱 먹음직스럽다.(생략 가능)

부추무침

주재료
부추 150g, 양파 ¼개, 당근 조금

양념
진간장 1숟가락, 참치액 ½숟가락,
고춧가루 1숟가락, 설탕 ⅔숟가락,
다진 마늘 ½숟가락, 식초 1.5숟가락,
참기름 ½숟가락, 통깨 조금

보관
냉장 보관 2일 이내
부추는 금방 숨이 죽으니 먹을 만큼 만들어 곧바로 먹는 것이 좋다.

1 부추 150g은 세척 후 5cm 길이로 썰고, 양파 ¼개, 당근도 비슷한 길이로 채썰기를 한다.

2 볼에 진간장 1숟가락, 참치액 ½숟가락, 고춧가루 1숟가락, 설탕 ⅔숟가락, 다진 마늘 ½숟가락, 식초 1.5숟가락, 참기름 ½숟가락, 통깨를 섞어 양념장을 만든다.

3 썰어둔 부추, 채 썬 양파, 당근을 양념장에 넣고 살살 버무린다.

닭볶음탕

주재료
볶음탕용 닭 1마리(800g),
감자 3개(500g), 양파 ½개, 대파 ⅓대,
고추 1~2개

양념
설탕 2숟가락, 고춧가루 4숟가락,
진간장 4숟가락, 액젓(멸치) 1숟가락,
맛술 3숟가락, 물 800㎖, 다진 마늘 1숟가락,
후춧가루 조금

보관
냉장 보관 2일 이내

1 끓는 물에 닭 800g을 넣고 5분간 데쳐서 불순물을 제거한다.

2 데친 닭은 찬물에 헹구고, 뼈에서 나온 이물질을 꼼꼼히 닦아낸다.

3 감자 3개(500g)는 절반으로 자르고 양파 ½개는 깍둑썰기, 대파 ⅓대와 고추 1~2개는 어슷썰기를 한다.

4 웍에 손질한 닭, 감자를 먼저 담고, 설탕 2숟가락, 고춧가루 4숟가락, 진간장 4숟가락, 액젓(멸치) 1숟가락, 맛술 3숟가락을 넣고 물 800㎖를 붓는다.

5 뚜껑을 덮고 중불에 10분, 중약불에 15분간 푹 삶는다. 중간에 한 번 뒤적여주어서 골고루 익힌다. 감자가 완전히 익으면 깍둑 썬 양파, 어슷 썬 고추와 대파, 다진 마늘 1숟가락, 후춧가루를 넣는다.

6 재료들이 어우러지도록 섞어가면서 볶는다.

감자간장 조림

주재료
감자 3개(500g), 고추 2개

양념
식용유 1.5숟가락, 설탕 1.5숟가락,
진간장 2.5숟가락, 물 200㎖,
다진 마늘 ½숟가락, 올리고당 1숟가락,
참기름 조금, 통깨 조금

보관
냉장 보관 4일 이내

1 감자 3개(500g)는 손가락 1마디 크기로 작게 깍둑썰기, 고추 2개는 송송 썬다.

2 감자는 찬물에 두 번 헹궈 전분기를 빼낸다.

3 냄비에 깍둑 썬 감자를 담고 식용유 1.5숟가락, 설탕 1.5숟가락, 진간장 2.5숟가락을 넣은 후 물 200㎖를 부어서 뚜껑을 덮고 중불에 10분간 끓인다.

4 감자가 완전히 익으면 다진 마늘 ½숟가락, 송송 썬 고추를 넣고 섞어서 조금 더 익힌다.

5 재료들이 어우러지면 불을 끄고 올리고당 1숟가락, 참기름을 넣고 살짝 섞은 후 통깨를 뿌린다.

무말랭이 무침

○

주재료
무말랭이 100g, 대파 1토막

양념
국간장 1숟가락, 액젓(멸치) 1.5숟가락,
설탕 ½숟가락, 물 3숟가락, 진간장 1숟가락,
올리고당 3숟가락, 고춧가루 4숟가락,
다진 마늘 1숟가락, 통깨 넉넉히

보관
냉장 보관 2주 이내

1 무말랭이 100g은 찬물에 여러 번 문질러서 헹구고 30분간 물에 불린다.

2 불린 무는 물기를 짜내고 볼에 담아서 국간장 1숟가락, 액젓(멸치) ½숟가락, 설탕 ½숟가락, 물 3숟가락을 버무려 밑간을 한다.

3 대파 1토막은 굵게 다진다.

4 밑간한 무말랭이에 진간장 1숟가락, 액젓(멸치) 1숟가락, 올리고당 3숟가락, 고춧가루 4숟가락, 다진 마늘 1숟가락을 넣고 버무린다.

5 다진 대파와 통깨를 넉넉히 뿌려서 한 번 더 섞는다.

꽈리고추찜

○

주재료
꽈리고추 150g, 대파 1토막,
부침가루 1.5숟가락

양념
진간장 1숟가락, 고춧가루 1숟가락,
올리고당 1.5숟가락, 다진 마늘 ½숟가락,
참기름 1숟가락, 통깨 조금

보관
먹을 만큼 만들어 곧바로 먹는 것이 좋다.

1 꽈리고추 150g은 꼭지를 떼어내고 깨끗이 씻는다. 작은 꽈리고추는 그대로 사용하고 긴 것은 먹기 좋은 크기로 자른다. 대파 1토막은 굵게 다진다.

2 위생봉지에 물기가 남아 있는 꽈리고추와 부침가루 1.5숟가락을 넣고 흔들어서 꽈리고추에 부침가루를 골고루 묻힌다.

3 전자레인지 용기에 꽈리고추를 담고 1분간 돌린 후 한 번 뒤적여서 1~2분간 더 돌리고 그릇에 펼쳐 잠시 식혀둔다.

4 볼에 진간장 1숟가락, 고춧가루 1숟가락, 올리고당 1.5숟가락, 다진 마늘 ½숟가락, 참기름 1숟가락, 통깨를 섞어서 양념장을 만든다.

5 한 김 식힌 꽈리고추를 양념장에 넣고 골고루 버무린다.

새우브로콜리볶음

○
주재료
냉동 새우 200g, 브로콜리 1개

양념
식초 2숟가락, 소금 ½숟가락,
식용유 2숟가락, 다진 마늘 ½숟가락,
굴소스 ½숟가락, 진간장 1숟가락,
참기름 조금, 통깨 조금

보관
냉장 보관 3일 이내

1 냉동 새우 200g은 찬물에 여러 번 헹군 후 물에 담가 해동한다.

2 브로콜리 1개는 식초 2숟가락을 섞은 찬물에 10분간 담갔다가 씻는다.

* 브로콜리는 물에 담가둬야 이물질이 빠져나온다.

3 브로콜리 송이는 먹기 좋은 크기로 자르고, 줄기는 얇게 썬다.

4 끓는 물에 소금 ½숟가락을 넣고 브로콜리를 2분간 데친다. 데친 브로콜리는 찬물에 담가 식히고 체에 받쳐서 물기를 제거한다.

5 팬에 식용유 2숟가락을 두르고 다진 마늘 ½숟가락을 중약불에 타지 않게 볶는다.

6 해동한 새우를 넣고 중불에 볶는다.

7 새우가 빨갛게 익어가면 브로콜리를 넣고 함께 볶는다.

8 굴소스 ½숟가락, 진간장 1숟가락을 넣고 간을 더해 볶는다.

9 참기름을 둘러서 살짝 섞고 통깨를 뿌린다.

재료별 메뉴 인덱스

감자
감자간장조림 • 171
감자고추장조림 • 112
감자볶음 • 028
감자샐러드 • 132
감자전 • 072

고추
고추된장무침 • 069
꽈리고추찜 • 173

건어물
멸치고추장볶음 • 106
바삭한 멸치볶음 • 064
오징어실채간장볶음 • 155
쥐포고추장볶음 • 115
진미채고추장볶음 • 076

김치
묵은지된장지짐 • 084

깻잎
깻잎김치 • 037
깻잎순무침 • 159

꼬막
꼬막무침 • 118

꽁치
꽁치무조림 • 152

나물류
고사리나물 • 085
공심채볶음 • 113
궁채들깨볶음 • 154
세발나물무침 • 056
취나물무침 • 121

단무지
단무지무침 • 120

달걀&메추리알
달걀말이 • 049
메추리알고추장조림 • 119

닭고기
닭볶음탕 • 170

당근
당근라페 • 105

돼지고기
대패삼겹살제육볶음 • 160
동그랑땡 • 080
돼지고기가지볶음 • 124
돼지고기간장볶음 • 128
돼지고기약고추장 • 052
돼지고기오이볶음 • 082
돼지고기장조림 • 066
무수분수육 • 150
수제 돈가스 • 110

동태포
동태전 • 165

두부&순두부
두부강된장 • 129
두부강정 • 164
두부조림 • 036
두부톳무침 • 114
순두부달걀찜 • 144

마늘종
마늘종볶음 • 094

묵
도토리묵무침 • 031
청포묵무침 • 077

무
무나물 • 054
무말랭이무침 • 172
무생채 • 151
무조림 • 055

미역줄기
미역줄기볶음 • 046

배추
알배추겉절이 • 162
알배추된장무침 • 143

버섯류
느타리들깨무침 • 039
미니새송이버섯볶음 • 068
베이컨팽이버섯말이 • 093
새송이버섯전 • 146
팽이버섯전 • 057

부추
부추무침 • 169
부추짜박이 • 104

브로콜리
브로콜리무침 • 107
새우브로콜리볶음 • 174

소고기
소고기고추다대기 • 158
소고기육전 • 168
아롱사태장조림 • 140

아롱사태전골 • 142

소시지&햄
소시지야채볶음 • 047
스팸두부간장조림 • 074

숙주
숙주나물 • 045

시금치
시금치나물 • 075

어묵
매콤어묵볶음 • 122
매콤어묵콩나물볶음 • 032
어묵볶음 • 029

애호박
애호박버섯볶음 • 130
애호박채전 • 038

양배추
양배추베이컨볶음 • 092
양배추피클 • 163
양파장아찌 • 044

연근
연근유자샐러드 • 090
연근조림 • 088

오이
오이무침 • 083

오이지무침 • 153
오이탕탕이 • 030

오징어
오징어볶음 • 102
오징어부추전 • 103

우엉
우엉조림 • 131

참치
참치김치볶음 • 040
참치쌈장&양배추쌈 • 091

콩
콩자반 • 133

콩나물
매콤콩나물무침 • 067
콩나물무침 • 145

가나다 인덱스

ㄱ

감자간장조림 • 171
감자고추장조림 • 112
감자볶음 • 028
감자샐러드 • 132
감자전 • 072
고사리나물 • 085
고추된장무침 • 069
공심채볶음 • 113
궁채들깨볶음 • 154
깻잎김치 • 037
깻잎순무침 • 159
꼬막무침 • 118
꽁치무조림 • 152
꽈리고추찜 • 173

ㄴ

느타리들깨무침 • 039

ㄷ

단무지무침 • 120
달걀말이 • 049
닭볶음탕 • 170
당근라페 • 105

대패삼겹살제육볶음 • 160
도토리묵무침 • 031
동그랑땡 • 080
동태전 • 165
돼지고기가지볶음 • 124
돼지고기간장볶음 • 128
돼지고기약고추장 • 052
돼지고기오이볶음 • 082
돼지고기장조림 • 066
두부강된장 • 129
두부강정 • 164
두부조림 • 036
두부톳무침 • 114

ㅁ

마늘종볶음 • 094
매콤어묵볶음 • 122
매콤어묵콩나물볶음 • 032
매콤콩나물무침 • 067
메추리알고추장조림 • 119
멸치고추장볶음 • 106
무나물 • 054
무말랭이무침 • 172
무생채 • 151

무수분수육 • 150
무조림 • 055
묵은지된장지짐 • 084
미니새송이버섯볶음 • 068
미역줄기볶음 • 046

ㅂ

바삭한 멸치볶음 • 064
베이컨팽이버섯말이 • 093
부추무침 • 169
부추짜박이 • 104
브로콜리무침 • 107

ㅅ

새송이버섯전 • 146
새우브로콜리볶음 • 174
세발나물무침 • 056
소고기고추다대기 • 158
소고기육전 • 168
소시지야채볶음 • 047
수제 돈가스 • 110
숙주나물 • 045
순두부달걀찜 • 144
스팸두부간장조림 • 074
시금치나물 • 075

ㅇ

아롱사태장조림 • 140
아롱사태전골 • 142
알배추겉절이 • 162
알배추된장무침 • 143
애호박버섯볶음 130

애호박채전 • 038
양배추베이컨볶음 • 092
양배추피클 • 163
양파장아찌 • 044
어묵볶음 • 029
연근유자샐러드 • 090
연근조림 • 088
오이무침 • 083
오이지무침 • 153
오이탕탕이 • 030
오징어볶음 • 102
오징어부추전 • 103
오징어실채간장볶음 • 155
우엉조림 • 131

ㅈ

쥐포고추장볶음 • 115
진미채고추장볶음 • 0

ㅊ

참치김치볶음 • 040
참치쌈장&양배추쌈 • 091
청포묵무침 • 077
취나물무침 • 121

ㅋ

콩나물무침 • 145
콩자반 • 133

ㅍ

팽이버섯전 • 057

나만의 일주일 반찬 만들기

예시)

	일주일 반찬 리스트					일주일 장보기 목록	
메뉴	감자볶음	어묵볶음	오이탕탕이	도토리묵무침	매콤어묵콩나물볶음	감자	1,990
						오이	2,490
						도토리묵	1,600
						사각어묵	2,900
재료	감자	사각어묵	오이	도토리묵	사각어묵	콩나물	1,490
				오이	콩나물		
						총 비용	10,470

	일주일 반찬 리스트					일주일 장보기 목록	
메뉴							
재료							
						총 비용	

	일주일 반찬 리스트					일주일 장보기 목록	
메뉴							
재료							
						총 비용	

	일주일 반찬 리스트					일주일 장보기 목록	
메뉴							
재료							
						총 비용	

	일주일 반찬 리스트				일주일 장보기 목록	
메뉴						
재료						
					총 비용	

	일주일 반찬 리스트				일주일 장보기 목록	
메뉴						
재료						
					총 비용	

	일주일 반찬 리스트				일주일 장보기 목록	
메뉴						
재료						
					총 비용	

	일주일 반찬 리스트				일주일 장보기 목록	
메뉴						
재료						
					총 비용	